Jürgen Benner
PKA Arbeitsbuch

PKA Arbeitsbuch

Lehrstoff einfach selbst erarbeiten

Jürgen Benner, Herschbach
3. überarbeitete und aktualisierte Auflage

Deutscher Apotheker Verlag

Anschrift des Autors
Apotheker Jürgen Benner
Hanfgarten 6
56414 Herschbach

Alle Angaben in diesem Werk wurden sorgfältig geprüft. Dennoch können der Autor und der Verlag keine Gewähr für deren Richtigkeit übernehmen.

Ein Markenzeichen kann warenzeichenrechtlich geschützt sein, auch wenn ein Hinweis auf etwa bestehende Schutzrechte fehlt.

Bibliografische Information der Deutschen Nationalbibliothek
Die Deutsche Nationalbibliothek verzeichnet diese Publikation in der Deutschen Nationalbibliografie; detaillierte bibliografische Daten sind im Internet unter http://dnb.d-nb.de abrufbar.

Jede Verwertung des Werkes außerhalb der Grenzen des Urheberrechtsgesetzes ist unzulässig und strafbar. Das gilt insbesondere für Übersetzungen, Nachdrucke, Mikroverfilmungen oder vergleichbare Verfahren sowie für die Speicherung in Datenverarbeitungsanlagen.

3. Auflage 2011

ISBN 978-3-7692-5284-2

© 2011 Deutscher Apotheker Verlag
Birkenwaldstraße 44, 70191 Stuttgart
www.deutscher-apotheker-verlag.de
Printed in Germany
Druck und Bindung: Bosch-Druck, Landshut
Umschlagabbildung: Gina Sanders/Fotolia.com
Umschlaggestaltung: deblik, Berlin

Hinweise zur Benutzung

Die Arbeit der Pharmazeutisch-kaufmännischen Angestellten ist eine vielseitige und verantwortungsvolle Tätigkeit. In diesem Beruf des Gesundheitswesens wird die gesamte Persönlichkeit der Auszubildenden gefordert. Dabei steht der Kunde stets im Mittelpunkt der Tätigkeiten.

Um allen Anforderungen der täglichen Arbeit gerecht zu werden, benötigt die PKA ein fundiertes fachliches Wissen und praktisches Können. Viele praktische Fertigkeiten werden in der Apotheke vermittelt. Der Unterricht in der Berufsschule lehrt den theoretischen Hintergrund, der Sicherheit gibt und helfen soll, schwierige Situationen zu meistern.

Dieses Arbeitsbuch ist ein Begleitbuch zum Unterricht. Es bietet die Möglichkeit, Unterrichtsstoff mit Hilfe des Lehrbuches Knoellinger, Berger, PKA 24, 24. Aufl., Deutscher Apotheker Verlag Stuttgart oder mit Hilfe des Lehrbuches Eckert-Lill/Gebler, Die PKA, Govi-Verlag selbstständig zu erarbeiten, nachzuarbeiten und sich auf anstehende Prüfungen vorzubereiten. Zudem regt es dazu an auch die eine oder andere Fragestellung im Internet zu recherchieren. Viele praxisbezogene Fragen ermöglichen es, eigene Erfahrungen aus der täglichen Arbeit mit einzubringen und damit eine Verknüpfung von Theorie und Praxis herzustellen.

Das Arbeitsbuch lehnt sich in seiner Gliederung an die oben genannten Lehrbücher an. In der Kopfzeile finden Sie jeweils die Kapitelnamen der Lehrbücher, auf die sich die Fragen des Arbeitsbuches beziehen. Die begleitend angebotene Ausgabe für Lehrer (Lösungsbuch zum PKA-Arbeitsbuch, Deutscher Apotheker Verlag) bietet, neben Lösungsvorschlägen zu allen Fragen, methodisch-didaktische Hinweise mit Ideen und Anregungen für den täglichen Unterricht. Zu Fragen, die mit ⌘ gekennzeichnet sind, finden Sie im begleitenden Lösungsbuch im methodischen Teil weitere Anregungen und Stundenbilder.

Das Arbeitsbuch soll Spaß machen und das Interesse am Fachkundeunterricht vertiefen. Es soll eine Hilfestellung sein, um Fragen selbstständig zu beantworten und durch Eigeninitiative das Wissen zu vergrößern.

Vorwort zur 3. Auflage

Die vorliegende 3. Auflage wurde intensiv überarbeitet. Dabei wurden nicht nur alle Inhalte überarbeitet und auf den aktuellen Stand gebracht, auch optisch präsentiert sich das PKA-Arbeitsbuch nun in neuem Layout. Gerne möchte ich Sie auf die von mir eingerichtete E-learning Plattform hinweisen (www.ars-limburg.de/moodlears), auf der Sie Ihr PKA-Wissen zusätzlich trainieren können.

Jürgen Benner   Herschbach, im Herbst 2010

Vorwort zur 1. Auflage

Im vorliegenden Arbeitsbuch sind die Struktur- und Gestaltungsmerkmale zu finden, die unsere Schüler für ein motiviertes und erfolgreiches Lernen benötigen:
- der innere, sachlogische Zusammenhang der Fragen, Arbeitsaufträge und Lernspiele,
- eine sinnvolle stoffliche Schwerpunktbildung,
- eine übersichtliche, nicht überfrachtete Gestaltungsvielfalt
- und eine klare Vernetzung mit dem Fachbuch durch die Angabe der Buchseiten.

Der Praxisnähe und Aktualität des Arbeitsbuches gereicht es zum Vorteil, dass der Autor über Berufserfahrung als Chefapotheker verfügt und zurzeit als Berufspädagoge tätig ist.

Studiendirektor Franz Stabel   Lahnstein, im April 1998
Fachleiter für Gesundheit am Staatlichen Studienseminar
für das Lehramt an Berufsbildenden Schulen, Neuwied/Rhein

„Nichts überzeugt den Menschen mehr als eine Lösung, die er selbst gefunden hat."

Professor Paul Watzlawick, Palo Alto (Kalifornien),
Kommunikationsforscher und Psychotherapeut

VIII
Bildnachweise

Kapitel Berufskunde
Wepa Apothekenbedarf, Hillscheid: S. 11

Kapitel Apotheke und Recht
http://www.baua.de/nn_27840/de/Publikationen/Faltblaetter/F73,xv=vt.pdf?: S. 47

Kapitel Sachkunde für den Apothekenbetrieb
Wepa Apothekenbedarf, Hillscheid: S. 59-61, 69-71, 73

Kapitel Warenlagerbetreuung und EDV-Einsatz
Knoellinger H, Berger R. PKA 24. 24. Aufl., Deutscher Apotheker Verlag, Stuttgart 2008: S. 83-84
Microsoft Windows XP: S. 90-91

Kapitel Arzneimittel und Drogen
http://www.baua.de/nn_27840/de/Publikationen/Faltblaetter/F73,xv=vt.pdf?: S 105, 123
Wepa Apothekenbedarf, Hillscheid: S. 105
Knoellinger H, Berger R. PKA 24. 24. Aufl., Deutscher Apotheker Verlag, Stuttgart 2008: S. 117, 123

Kapitel Pflanzenschutz und Schädlingsbekämpfung
http://www.baua.de/nn_27840/de/Publikationen/Faltblaetter/F73,xv=vt.pdf?: S. 126
Knoellinger H, Berger R. PKA 24. 24. Aufl., Deutscher Apotheker Verlag, Stuttgart 2008: S. 126

Kapitel Krankenpflegeartikel, Medizinprodukte
Knoellinger H, Berger R. PKA 24. 24. Aufl., Deutscher Apotheker Verlag, Stuttgart 2008: S. 135

Kapitel Kosmetik und Körperpflege
Martin J, Lehle P, Ilg W. Fertigarzneimittelkunde. 8. Aufl., Wissenschaftliche Verlagsgesellschaft mbH, Stuttgart 2009: S. 141

Kapitel Ernährung und Verdauung
Knoellinger H, Berger R. PKA 24. 24. Aufl., Deutscher Apotheker Verlag, Stuttgart 2008: S. 148

Unfallverhütung und Erste Hilfe
Knoellinger H, Berger R. PKA 24. 24. Aufl., Deutscher Apotheker Verlag, Stuttgart 2008: S. 162

Die Bildrechte der übrigen in diesem Buch verwendeten Grafiken und Bilder liegen beim Autor selbst.

Inhaltsverzeichnis

	Seite
Hinweise zur Benutzung	V
Bildnachweise	VIII

Einführung

Buch-Rallye	1

Fachtheorie

Berufskunde	2–14
Apotheke und Recht	15–54
Sachkunde für den Apothekenbetrieb	55–73
Kaufmännische Grundlagen	74–77
Bürowirtschaft und Telekommunikation	78–81
Warenlagerbetreuung und EDV-Einsatz	82–96
Preisbildung, Rezeptabrechnung, Rechnungsstellung	97–102
Arzneimittel, Drogen, Chemikalien	103–123
Pflanzenschutz und Schädlingsbekämpfung	124–126
Verbandmittel	127–132
Krankenpflegeartikel, Medizinprodukte	133–140
Kosmetik und Körperpflege	141–147
Ernährung und Verdauung	148–157
Marketing und Werbung	158–160
Unfallverhütung und Erste Hilfe	160–162
Stichwortverzeichnis	163–166

Einführung

Buch-Rallye

Die folgende Buch-Rallye soll das Kennenlernen des Lehrbuches sowie das Handhaben des Arbeitsbuches erleichtern. Tragen Sie die Lösungen in die Kästchen ein.

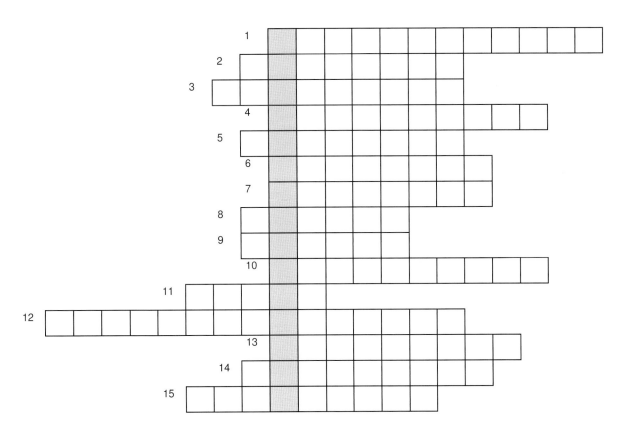

1. Anderes Wort für „Medikament"
2. Erstes Wort im Kapitel B
3. Erste Droge auf Seite 366
4. Dreieckige Gerätschaft auf Seite 58 Arbeitsbuch
5. Wichtiges Mengenelement, beteiligt beim Knochenaufbau
6. Wo hat das ZL seinen Sitz?
7. Warengruppe einer Apotheke, besonders für Frauen interessant
8. Eine wichtige aromatische chemische Verbindung – sie löst Krebs aus!
9. Deutscher Name der Droge „Arnicae flos"
10. Welche Art von Text befindet sich auf der ersten Seite des Anhangs?
11. Gerät zur Datenfernübertragung
12. Standesorganisation der Apotheker
13. Fachbegriff für „Abführmittel"
14. Thema des Kapitels C
15. Anderer Begriff für Software

2
Knoellinger/Berger – Berufskunde   Eckert-Lill/Gebler – Der Apothekenbetrieb

Das Gesundheitswesen in der BRD

Im folgenden Schaubild fehlen die entsprechenden Ministerien und Institute. Vervollständigen Sie mit Hilfe Ihres Lehrers und des Buches!

Internationale Ebene

Aufgabe: _____

Bundesebene

Landesebene

\+

Bezirksebene

erteilt Anweisungen

1   Welche Organisation regelt auf internationaler Ebene gesundheitspolitische Fragen?

2   Mit dem Bundesministerium für Gesundheit arbeiten 4 Institute direkt zusammen. Welches dieser Institute hat eine besondere Bedeutung für die Apotheken?

3   Wer führt in Ihrer Apotheke die Revision (Apothekenbesichtigung) durch?

4   Wer erteilt eine Apothekenbetriebserlaubnis?

5   Welche Aufgaben hat das Kreisgesundheitsamt? Kreuzen Sie die richtigen Aufgaben an!

- ☐ Bekämpfung von Alkohol und Rauschgiftsucht
- ☐ Überwachung des Verkehrs von Arzneimitteln und Gefahrstoffen außerhalb von Apotheken
- ☐ Durchführung von Schutzimpfungen
- ☐ Untersuchung von Lebensmitteln und Bedarfsgegenständen
- ☐ Mütterberatung

6   Wer kontrolliert auf Bundesebene den Verkehr mit Betäubungsmitteln?

7   Welche Aufgaben haben die Medizinaluntersuchungsämter?

Überprüfen Sie Ihr Wissen!

Lösen Sie dieses Kreuzworträtsel und Sie erfahren den Namen eines bedeutenden Mannes.

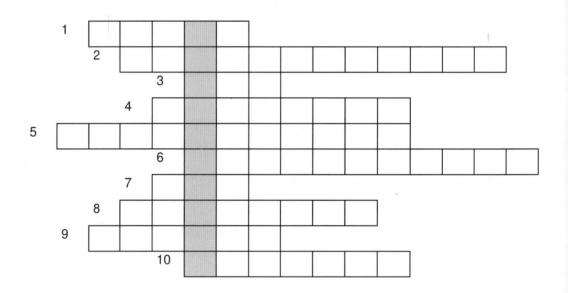

1   Abkürzung für das Bundesinstitut für Arzneimittel und Medizinprodukte

2   Beliefert Apotheken mit Arzneimitteln und wird wie eine Apotheke staatlich überwacht

3   Dieses Bundesamt gab es einmal - es wurde 1994 aufgelöst - wir suchen die Abkürzung

4   Anderes Wort für Apothekenbesichtigung

5   Erteilt die Betriebserlaubnis für Apotheken im Land Bayern

6   Anderes Wort für Veterinärmedizin

7   Abkürzung für das Robert-Koch-Institut

8   Hier können Sie etwas gegen Kopfschmerzen kaufen

9   Wenn eine Krankheit, wie die Pest im Mittelalter, sich ausbreitet, so spricht man von einer...

10 Ein wichtiger Bereich des Gesundheitswesens

Standesorganisationen

1 Füllen Sie die Grafik zur Übersicht der Standesorganisationen mit Hilfe des Buches aus.

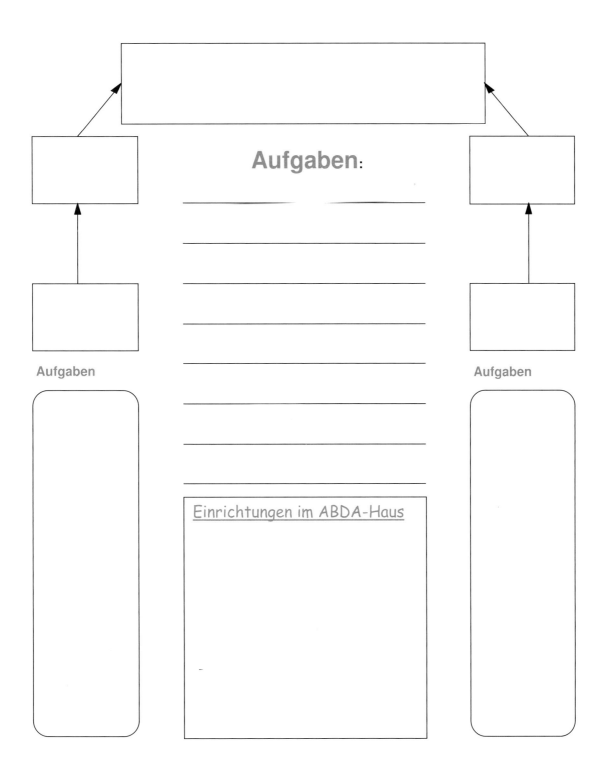

2 Lösen Sie die folgenden Abkürzungen auf:

BAK = _____

LAV = _____

ABDA = _____

IHK = _____

DAV = _____

ZL = _____

ADA = _____

BVA = _____

3 Ordnen Sie den Organisationen der linken Seite die entsprechende Aufgabe auf der rechten Seite zu!

____	ABDA	1 -	Prüfung von Drogen und Chemikalien außerhalb von Apotheken
____	ZL	2 -	Fortbildung von Apothekenmitarbeitern / Prüfung der PKA
____	BVA	3 -	Herausgabe der Pharmazentralnummer
____	LAK	4 -	Gemeinschaftswerbung / steuerrechtliche Seminare
____	DAV	5 -	Aushandeln von Tarifangelegenheiten (Bundesrahmentarifvertrag)

4 Welchen Aussagen zum Thema Standesorganisationen stimmen Sie uneingeschränkt zu?

☐ In der Apothekerkammer sind alle Apotheker zur Mitgliedschaft verpflichtet

☐ Im Apothekerverein sind alle Apotheker zur Mitgliedschaft verpflichtet

☐ Der ADA regelt die Ausbildung und Prüfung der Pharmazeutisch-kaufmännischen Angestellten

☐ Der Deutsche Apothekertag wird von der Bundesapothekerkammer ausgerichtet

☐ Die ABDA erlässt die Berufsordnung und verfolgt Verstöße durch die Berufsgerichte

5 Wer ist Inhaber des Apotheken-A`s (großes, rotes, gotisches A auf weißem Grund)?

_____

6 Herr Apotheker Trinkfest aus Bierstadt feiert gerne rauschende Feste. Leider kommt es öfter vor, dass er nach einer durchzechten Nacht seine Apotheke vernachlässigt oder auch schon mal einen Notdienst übersieht. Ist das Verhalten von Herrn Apotheker Trinkfest in Ordnung? Welche Folgen könnte dies für ihn haben?

_____

_____

7 Sie haben in der Apotheke eine Droge mit ZL-Prüfzeichen vom Großhandel erhalten. Muss diese Ware nochmals auf Identität geprüft werden? Begründen Sie kurz!

_____

8 Die STADA Aktiengesellschaft ist eine wirtschaftliche Organisation des Apothekerstandes. Was bedeutet die Abkürzung STADA?

_____

9 Vervollständigen Sie den folgenden Lückentext zum Thema STADA. Die Wortbruchstücke helfen Ihnen dabei.

theker - Apotheker - bel - innen - Arznei- schriften - wicklung - MDAX - freien - ka - Bad - Vil – stand – mittel – Apo – Vor – Ent – patent – Generi - Apotheker

Die STADA war früher eine Organisation des _____ . Nur _____ und _____ konnten Mitglied und Aktionäre der STADA werden.

Die STADA hatte damals die Aufgabe und das Ziel, qualitativ hochwertige und zugleich preisgünstige _____ nach einheitlichen _____ herzustellen.

Heute ist die STADA ein börsennotiertes Unternehmen im _____ (Aktienindex).

Die STADA konzentriert sich auf _____ und Vermarktung von _____ Wirkstoffen.

Generika bilden daher das _____ Kernsegment der Produkte.

Der Sitz der STADA AG ist in _____ .

10 Im Folgenden ist die Berufsordnung der Landesapothekerkammer Hessen abgedruckt. Lesen Sie den Text und unterstreichen Sie nur die wichtigsten Schlagwörter. Bearbeiten Sie dann Aufgabe 11.

§ 1 Berufsausübung

(1) Der Apotheker/die Apothekerin ist Angehöriger/Angehörige eines freien Berufes.

(2) Der Apotheker/die Apothekerin erfüllt eine öffentliche Aufgabe. Er/sie dient der Gesundheit des einzelnen Menschen und somit der gesamten Bevölkerung.

(3) Aufgabe des Apothekers/der Apothekerin ist die Sicherstellung der ordnungsgemäßen Versorgung der Bevölkerung mit Arzneimitteln. Dieser Auftrag umfasst insbesondere die Information und Beratung über Arzneimittel, die Beratung in der Gesundheitsvorsorge, die Entwicklung, Herstellung, Prüfung, Lagerung, Abgabe und Risikoerfassung von Arzneimitteln und die Suche nach neuen Arzneistoffen und Darreichungsformen. Der Apotheker/die Apothekerin übt seine/ihre Aufgaben in verschiedenen Tätigkeitsbereichen aus.

(4) Der Apotheker/die Apothekerin ist verpflichtet, seinen/ihren Beruf verantwortungsvoll und gewissenhaft auszuüben und dem ihm/ihr in Zusammenhang mit seinem/ihrem Beruf entgegengebrachten Vertrauen zu entsprechen. Er/sie hat sich so zu verhalten, daß er/sie diesem Vertrauen gerecht wird.

(5) Der Apotheker/die Apothekerin hat die Aufgabe zur Beratung aufgrund seiner/ihrer Ausbildung und seiner/ihrer Kenntnisse; die Ausübung der Heilkunde verstößt gegen die Berufspflichten.

(6) Der Apotheker/die Apothekerin ist verpflichtet, die für die Ausübung seines/ihres Berufes geltenden Gesetze und Verordnungen sowie das Satzungsrecht der Kammer zu beachten und darauf gegründete Anordnungen und Richtlinien zu befolgen.

(7) In der Ausübung eines freien Berufes untersteht der Apotheker/die Apothekerin über die gesetzlichen Bestimmungen hinaus dieser Berufsordnung und der besonderen Berufsgerichtsbarkeit der Heilberufe. Verstöße gegen die Berufsordnung werden berufsgerichtlich verfolgt.

§ 2

Der Apotheker/die Apothekerin ist zur Verschwiegenheit über alle Vorkommnisse verpflichtet, die ihm/ihr in Ausübung seines/ihres Berufes bekannt werden. Darüber hinaus hat er/sie alle unter seiner/ihrer Leitung tätigen Personen, die nicht der Berufsordnung unterliegen, unter Entgegennahme einer schriftlichen Erklärung zur Verschwiegenheit zu verpflichten.

§ 3

Der Apotheker/die Apothekerin ist verpflichtet, bei der Ermittlung, Erkennung und Erfassung von Arzneimittelrisiken mitzuwirken. Er/sie hat seine/ihre Feststellungen oder Beobachtungen der Arzneimittelkommission der Deutschen Apotheker unverzüglich mitzuteilen. Die Meldepflicht nach § 21 der Apothekenbetriebsordnung bleibt unberührt.

§ 4

(1) Der Apotheker/die Apothekerin ist verpflichtet, sich gegenüber den Angehörigen seines/ihres Berufes kollegial zu verhalten. Der Apotheker/die Apothekerin hat die Interessen und das Ansehen des Betriebes, in dem er/sie tätig ist, zu wahren.

(2) Der Apotheker/die Apothekerin darf den von anderen Apothekern erbetenen fachlichen Beistand ohne zwingenden Grund nicht ablehnen.

§ 5

(1) Der Apotheker/die Apothekerin ist verpflichtet, in Ausübung seines/ihres Berufes mit den Personen und Institutionen des Gesundheitswesens zusammenzuarbeiten. Unzulässig sind Vereinbarungen, Absprachen und schlüssige Handlungen, die eine bevorzugte Lieferung bestimmter Arzneimittel, die Zuführung von Patienten/Patientinnen, Zuweisung von Verschreibungen oder die Abgabe von Arzneimitteln ohne vollständige Angabe der Zusammensetzung zum Gegenstand haben oder zur Folge haben könnten.

(2) Darüber hinaus ist es dem Apotheker/der Apothekerin untersagt, insbesondere durch Rat, Tat, Organisationshilfe oder Zuwendungen daran mitzuwirken, dass die freie Wahl der Apotheke durch Personen und Einrichtungen des Gesundheitswesens, der Altenbetreuung oder der Sozialleistungsträger eingeschränkt oder beseitigt wird.

§ 6 Dienstbereitschaft der Apotheken

Der Apotheker/die Apothekerin ist verpflichtet, im Rahmen der gesetzlichen Bestimmungen am Notdienst teilzunehmen.

§ 7 Ausbildung von Mitarbeitern

Der Apotheker/die Apothekerin hat bei der Ausbildung seiner/ihrer Mitarbeiter/innen die für die Berufsausbildung bestehenden Vorschriften zu beachten.

§ 8 Fortbildung

Der Apotheker, der seinen/die Apothekerin, die ihren Beruf ausübt, hat die Pflicht, sich beruflich fortzubilden und sich über die für seine/ihre Berufsausübung geltenden Bestimmungen zu unterrichten.

§ 9 Weiterbildung

Die Weiterbildung dient der besonderen beruflichen Qualifikation und Spezialisierung. Der zur Weiterbildung ermächtigte Apotheker/die zur Weiterbildung ermächtigte Apothekerin hat im Rahmen der gegebenen Möglichkeiten einen angestellten Kollegen/eine angestellte Kollegin auf dem gewählten Gebiet nach Maßgabe der Weiterbildungsordnung weiterzubilden. Deren Pflicht zur Weiterbildung bleibt unberührt.

§ 10 Ausstellung von Gutachten und Zeugnissen

(1) Bei der Ausstellung von Gutachten und Zeugnissen hat der Apotheker/die Apothekerin mit der notwendigen Sorgfalt zu verfahren.

(2) Dies gilt auch für die Ausstellung von Zeugnissen für Mitarbeiter/innen und Kollegen/innen in Aus- und Weiterbildung.

§ 11 Haftungsabsicherung

Der Apotheker/Die Apothekerin ist verpflichtet, dafür zu sorgen, dass er/sie hinreichend gegen Haftungsansprüche im Rahmen seiner/ihrer beruflichen Tätigkeit abgesichert ist.

§ 12 Unlautere Wettbewerbsmaßnahmen

Der Apotheker/die Apothekerin hat Wettbewerbsmaßnahmen zu unterlassen, soweit sie unlauter sind. Als unlauter sind solche Wettbewerbsmaßnahmen anzusehen, die

a) nach den Vorschriften des Gesetzes gegen den unlauteren Wettbewerb verboten sind oder
b) von der Allgemeinheit deswegen als unlauter angesehen werden, weil sie den besonderen Anforderungen nicht gerecht werden, sich aus dem jeweiligen von der Allgemeinheit anerkannten Berufsbild und der daraus folgenden besonderen Verantwortung des Apothekers/der Apothekerin ergeben und die zur sachgerechten Erfüllung der dem Apotheker/der Apothekerin obliegenden Aufgaben unabdingbar sind.

Verboten sind insbesondere:

1. Das Vortäuschen einer bevorzugten oder besonderen Stellung der eigenen Apotheke, der eigenen Person oder des Apothekenpersonals; insbesondere durch irreführende Namensgebung oder Hinweise;
2. das Anwenden oder Dulden von Bezeichnungen beim Vertrieb oder Anpreisen von Arzneimitteln - mit Ausnahme von echten Hausspezialitäten - zu dem Zweck, die Bevorzugung einer bestimmten Apotheke zu erreichen;
3. Verträge, Absprachen und Maßnahmen, die bezwecken oder zur Folge haben können, andere Apotheken von der Belieferung oder der Abgabe von Arzneimitteln, apothekenüblichen Waren oder Informationsmaterial ganz oder teilweise auszuschließen;
4. die Überlassung von Ausstellungsflächen in der Apotheke (Schaufenster, Vitrinen, Regale usw.) gegen Entgelt, Waren oder sonstige Leistungen;
5. der Hinweis auf den Verzicht auf die Gebühr für die Beanspruchung im Nachtdienst (Nachttaxe), der Verzicht auf die Zuzahlung des Versicherten gemäß § 31 Abs. 3 des 5. Buches des Sozialgesetzbuches (SGB V; Gesetz zur Strukturreform im Gesundheitswesen) und der Hinweis darauf sowie das Festhalten eines Befreiungsbescheides einer Krankenkasse;
6. die kostenlose Abgabe von Arzneimitteln;
7. Zuwendungen und Geschenke, insbesondere an Kunden/innen, Angehörige anderer Heilberufe oder nicht ärztlicher Heilberufe, Kostenträger, Kurheime, Altenheime, Krankenanstalten und ähnliche Einrichtungen sowie deren Leiter/innen und Mitarbeiter/innen, soweit damit gegen wettbewerbsrechtliche Vorschriften, insbesondere das Rabattgesetz und die Zugabeverordnung verstoßen wird;
8. das Abgehen von den sich aus der Arzneimittelpreisverordnung ergebenden Festpreisen, insbesondere das Gewähren von Rabatten und sonstigen Preisnachlässen bei apothekenpflichtigen Fertigarzneimitteln sowie die Werbung hierfür;
9. ortsfeste Hinweise auf die Apotheke außerhalb des Apothekengrundstückes, soweit sie nicht zum Aufsuchen der nächstgelegenen Apotheke erforderlich und von der Landesapothekerkammer Hessen genehmigt worden sind;
10. Einzelwerbung außerhalb der Apotheke, soweit sie nach Form oder Inhalt übertrieben wirkt. Bei Artikeln der apothekenüblichen Waren nach § 25 Apothekenbetriebsordnung (ApBetrO) gilt eine Werbung nicht schon deshalb als übertrieben, weil sie
    - in Form von Anzeigen in Zeitungen, Werbebriefen, Postwurfsendungen o.ä. stattfindet oder
    - Hinweise auf besondere Preisgünstigkeit enthält.

§ 13 Freier Dienstleistungsverkehr im Rahmen der EG

Diese Berufsordnung gilt auch für Apotheker/innen, die die Staatsangehörigkeit eines Mitgliedsstaates der EG besitzen, wenn sie nur vorübergehend grenzüberschreitend freie Dienstleistungen im Geltungsbereich dieser Berufsordnung erbringen, aber in einem Staat der EG ansässig bleiben.

§ 14 Inkrafttreten

Die Berufsordnung tritt am Tage ihrer Verkündung in Kraft.

Stand: August 2005

11 Ordnen Sie den Fällen die richtigen Paragraphen der Berufsordnung aus Aufgabe 10 zu!

Fall 1
Frau Apothekerin Geldgierig aus Markstadt hat mit dem Arzt im Ort eine Absprache getroffen, dass er die ausgestellten Rezepte seiner Patienten direkt in ihre Apotheke schickt, damit die Patienten sie dort abholen können.

Dieser Fall verstößt gegen Paragraph _____ der Berufsordnung.

Fall 2
Herr Apotheker Gesprächig versteht sich nicht besonders gut mit seinem Kollegen im Ort. Immer wieder verbreitet er Gerüchte oder heckt Hinterlistigkeiten aus.

Dieser Fall verstößt gegen Paragraph _____ der Berufsordnung.

Fall 3
Frau Apothekerin Weisnix ruft ihren Kollegen im Nachbarort an, um eine Auskunft zu einem Medikament zu erhalten, das sie in der Lauertaxe nicht finden kann. Der Kollege weist sie aber harsch zurück - sie hätte doch schließlich auch Pharmazie studiert. Er untersagt ihr weitere Störungen dieser Art.

Dieser Fall verstößt gegen Paragraph _____ der Berufsordnung.

Fall 4
Frau Apothekerin Schwatzhaft erzählt ihren Kunden nur zu gerne Neues über die Erkrankungen der Nachbarn. Die älteren Kunden finden dies immer sehr interessant und kommen auch aus diesem Grund gerne in die Apotheke.

Dieser Fall verstößt gegen Paragraph _____ der Berufsordnung.

Fall 5
Herr Apotheker Schlaumeier verkauft viele Medikamente unter den Festpreisen der Arzneimittelpreisverordnung. Damit dies auch allgemein bekannt ist, inseriert er in der Tageszeitung „Schmerzmittel im Sonderangebot". Damit will er mehr Kunden in die Apotheke locken.

Dieser Fall verstößt gegen Paragraph _____ der Berufsordnung.

12 Welche pharmazeutische Einrichtung befindet sich in der Württembergischen Landesbibliothek?

_____

Welche im Heidelberger Schloss? _____

Überprüfen Sie Ihr Wissen!

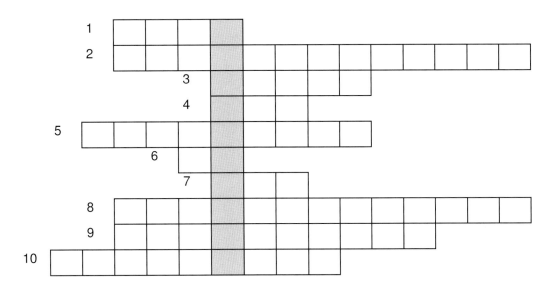

1 Abkürzung für Bundesvereinigung Deutscher Apothekerverbände

2 Regelt, wie sich ein Apotheker in seinem Beruf zu verhalten hat

3 Pharmazeutisches Unternehmen, welches Generika produziert

4 Abkürzung für Bundesapothekerkammer

5 Die STADA Arzneimittel AG hat in diesem Ort ihren Sitz

6 Abkürzung des Instituts, das vergleichbar ist mit einem großen Apothekenlabor

7 Abkürzung des Verbandes, der die Hilfstaxe herausgibt

8 Kann einen Apotheker für unwürdig erklären, seinen Beruf weiter auszuüben

9 Die Bundesapothekerkammer vertritt die berufspolitischen…[?]…der Apotheker

10 Dort finden Sie den Deutschen Apotheker Verlag

Pharmaziegeschichte

1 Was bedeutet eigentlich der Name „Apotheke"? Schlagen Sie den Begriff in einem allgemeinen Lexikon oder einem pharmazeutischen Lexikon (z.B. Hunnius) nach!

_____

2 Wer war Hippokrates?

_____

_____

3 Was verbirgt sich hinter dem Begriff „Galenik" und nach wem ist die Galenik benannt?

_____

_____

_____

4 Paul Ehrlich war früher auf dem 200-DM-Schein abgebildet? Welches war eine seiner wichtigsten Leistungen?

_____

5 Nennen Sie vier große Apotheker!

_____   _____

_____   _____

6 Welche Bedeutung hat Friedrich II. für die Apotheken? Schlagen Sie bitte in einem allgemeinen Lexikon und im Buch nach!

_____

_____

7 In welchem Jahr wurde erstmals der Beruf der PKA eingeführt?

_____

8 Ordnen Sie den Namen der linken Seite die geschichtliche Bedeutung der rechten Seite zu!

A - Paracelsus ____
B - Sertürner ____
C - Spitzweg ____
D - Fontane ____
E - Böttger ____

1 - ...entwickelte das Verfahren zur Herstellung von Porzellan.
2 - ...war ein berühmter Maler und Apotheker.
3 - ...war ein berühmter Dichter und Apotheker.
4 - ...entdeckte 1804 das Morphin.
5 - ...war deutscher Arzt. Er führte chemische Grundstoffe in die Behandlung ein. Von ihm stammt der Ausspruch: „Nur die Dosis macht, dass ein Ding kein Gift ist."

9 Ergänzen Sie mit den Silben und Wortbruchstücken den folgenden kurzen Text zur Geschichte der deutschen Apotheke.

War - Arz - lag - er - welt - Fried - II - th - 40 - eken -ep - lat - Städ - ein - er - Arz - bu - ch - Mer - tes - be - Apo - rühmte - Rez - tur - 12 - ten - en - ck - isch - rich - nei

---

Der Name „Apotheke" stammt aus dem Griechischen und bedeutet soviel wie _____.

Die erste gesetzliche Regelung des schon bestehenden Apothekenwesens wurde durch den Staufenkaiser _____ vorgenommen. Durch den Medizinalerlass von _____ wurde erstmals der Beruf des Apothekers vom Beruf des _____ getrennt. Es war für Ärzte sogar verboten, eine Apotheke zu besitzen! Zunächst waren _____ nur spärlich vertreten. Sie waren hauptsächlich in größeren _____ zu finden. Die ersten Vorschriftenbücher erschienen noch in _____ Sprache, erst 1890 erschien das erste _____ in deutscher Sprache. Solange es noch keine pharmazeutischen Firmen gab, beherrschte die _____ das Betätigungsfeld des Apothekers. Erst mit der Fertigung von Arzneimitteln durch chemische Laboratorien und chemische Fabriken änderte sich das Berufsbild des Apothekers grundlegend. Aus vielen Apotheken gingen _____ pharmazeutische Unternehmen hervor. Ein Beispiel dafür ist die Firma _____ in Darmstadt.

Überprüfen Sie Ihr Wissen!

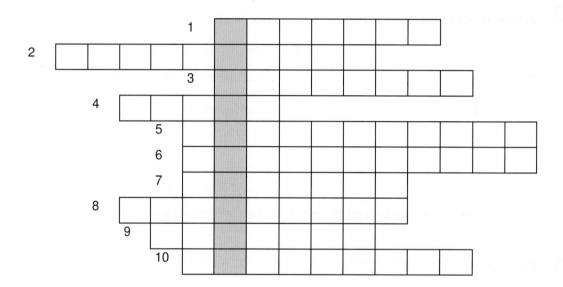

1   Fachbegriff für pharmazeutische Technologie

2   Von ihm stammt der Satz: „Nur die Dosis macht, dass ein Ding kein Gift ist."

3   Berühmter Apotheker und Maler. Von ihm stammen Bilder wie „Der Bücherwurm", „Der Kaktusfreund" oder „Der arme Poet"

4   Weltberühmte Firma, die aus einer Apotheke hervorging

5   Anderer Name für „amtliches Arzneibuch"

6   Begründer der modernen Medizin

7   Entdeckte unter anderem die Zitronensäure und die Milchsäure

8   Bezeichnung für den Chemiker des Altertums

9   Entdeckte die Rezeptur des Porzellans neu

10 Entdecker des Morphins

Apothekengesetz

1 Wann trat das Apothekengesetz in Kraft und wie wird dieses Gesetz abgekürzt?

_____

2 In welche Abschnitte gliedert sich das Apothekengesetz?

— _____
— _____
— _____
— _____
— _____

3 Wer darf eine Apotheke betreiben? Kreuzen Sie die richtigen Aussagen an!

☐ Ein Diplomkaufmann darf eine Apotheke betreiben.

☐ Ein Apotheker darf eine Apotheke und bis zu drei Filialapotheken betreiben.

☐ Eine Pharmazeutisch-technische Assistentin darf eine Apotheke betreiben.

☐ Eine Apothekerin darf eine Apotheke betreiben.

☐ Eine Pharmazeutisch-kaufmännische Angestellte darf eine Apotheke betreiben.

4 Welche Bedingungen müssen erfüllt sein, damit ein Antrag auf Betriebserlaubnis einer Apotheke genehmigt wird?

— _____
— _____
— _____
— _____

5 Wann darf eine Apotheke eröffnet und betrieben werden? Welche Aussage ist richtig?

A - Wenn der Apotheker den Antrag auf Betriebserlaubnis an die Behörde weitergibt.

B - Wenn der Apotheker die Apotheke vollständig eingerichtet hat.

C - Wenn die zuständige Behörde die Betriebserlaubnis per Fax zusendet.

D - Wenn ein Beauftragter der Behörde die Apotheke „abgenommen" hat und alles den Anforderungen der Apothekenbetriebserlaubnis entspricht.

Richtig ist ☐

6 In welchen Fällen erlischt die Betriebserlaubnis einer Apotheke?

—
—
—
—
—

7 Herr Apotheker Neureich möchte mit zwei seiner Kollegen gemeinsam eine Apotheke gründen. In welcher Rechtsform kann dies erfolgen und was ist dabei zu beachten?

8 In welchen Fällen darf eine Apotheke verpachtet werden?

—
—
—

9 In welchem Fall und für wie lange darf eine Apotheke von einem Apotheker *verwaltet* werden?

10 Wer ist Inhaber der Betriebserlaubnis einer Krankenhausapotheke?

_____

11 An welche Personen dürfen Arzneimittel durch die Krankenhausapotheke abgegeben werden?

_____

12 Darf ein Apotheker weitere Apotheken betreiben?

_____
_____

Die Apothekenbetriebsordnung

1 Herr Apotheker Fernweh reist gerne in fremde Länder. In einem Jahr nimmt er an die 120 Tage Urlaub. Um Geld zu sparen, lässt er sich während seiner Urlaubszeit stundenweise durch eine PTA vertreten.

☞ Beurteilen Sie das Verhalten von Herrn Apotheker Fernweh vor dem Hintergrund der ApoBetrO!

_____
_____
_____
_____
_____
_____
_____

2 Was wird durch die Apothekenbetriebsordnung geregelt?

_____

3 Welche Personen gehören zum pharmazeutischen und welche zum nichtpharmazeutischen Personal? Kennzeichnen Sie mit <P> für pharmazeutisches und <N> für nichtpharmazeutisches Personal!

- ☐ Apotheker
- ☐ Putzfrau
- ☐ PKA-Auszubildende
- ☐ PTA
- ☐ Apothekerassistent
- ☐ Apothekenassistent
- ☐ Aushilfe mit Abitur
- ☐ Pharmaziestudent
- ☐ PKA
- ☐ Apothekerehefrau
- ☐ PTA-Auszubildende
- ☐ Pharmazieingenieur
- ☐ Pharmazieingenieur in der Ausbildung
- ☐ Apothekersohn

4 Ordnen Sie den Ausbildungsvoraussetzungen die entsprechenden Berufe zu.

- Realschulabschluss – zwei Jahre an einer Fachschule. Halbjährige Ausbildung in einer Apotheke.
- Hauptschulabschluss – drei Jahre Lehrzeit in einer Apotheke.
- Pharmazeutisch-technische Assistentin
- Pharmazeutisch-kaufmännische Angestellte
- Apotheker
- Vier Jahre Hochschulstudium der Pharmazie. Praktische Ausbildung von einem Jahr. Approbation auf Antrag.

Apotheker — _____

PKA — _____

PTA — _____

5 Wie lange darf ein Apothekerassistent den Apothekenleiter vertreten?

_____

6 Was sind pharmazeutische Tätigkeiten in der Apotheke?

_____
_____
_____

7 Welche Tätigkeiten darf eine PKA in der Apotheke ausführen? Kennzeichnen Sie diese mit <P> für PKA!

- [ ] Abzeichnen von Prüfprotokollen
- [ ] Arzneimittel bestellen
- [ ] Entgegennehmen eines Rezeptes
- [ ] EDV-Buchungen einer Warensendung
- [ ] Unterstützung der PTA bei einer Rezeptur
- [ ] Abzeichnen der BTM-Kartei
- [ ] Abgabe nicht apothekenpflichtiger AM
- [ ] Kosmetikberatung
- [ ] Betäubungsmittel bestellen
- [ ] Bearbeiten einer Warensendung
- [ ] Anfertigen einer Rezeptur
- [ ] Inventurarbeiten
- [ ] Abgabe apothekenpflichtiger AM
- [ ] Prüfung von Arzneimitteln auf Identität

8 Was ist eine Approbation?

_____
_____

9 Wer vom Apothekenpersonal darf eine PKA ausbilden?

_____

10 Welche Voraussetzungen müssen erfüllt sein, um als PKA zur Abschlussprüfung zugelassen zu werden?

— _____
— _____
— _____
— _____
— _____

11 Sie planen eine öffentliche Apotheke. Zeichnen Sie in den abgebildeten Grundriss einer Apotheke die nach der Apothekenbetriebsordnung geforderten Räume sinnvoll ein und beschriften Sie diese.

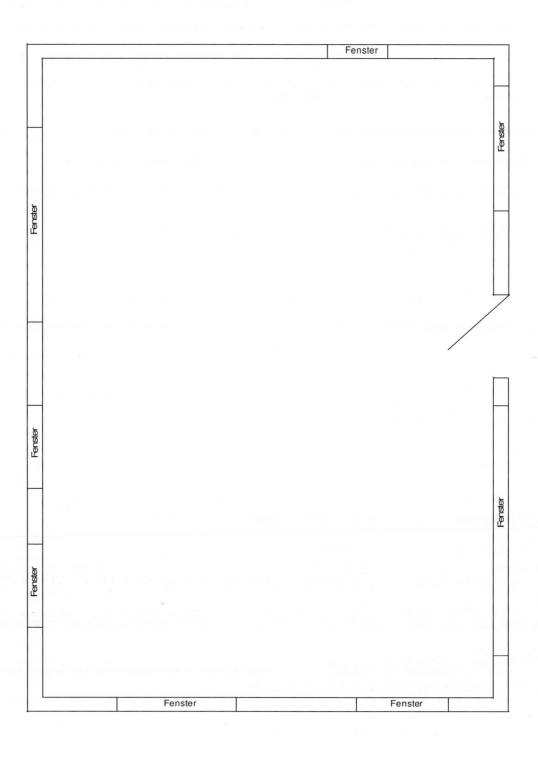

12 Welche Grundfläche muss eine öffentliche Apotheke nach der ApoBetrO mindestens besitzen?

_____

13 Welche Räume und welche Mindestgrundfläche sind für eine Krankenhausapotheke gefordert?

_____

_____

_____

14 Herr Apotheker Sorgenfrei hat seinen Betäubungsmitteltresor aus Platzgründen in der Offizin aufgestellt. Beurteilen Sie dieses Vorgehen vor dem Hintergrund der ApBetrO!

_____

_____

_____

15 Nach der ApBetrO sind in der Apotheke verschiedene Nachschlagewerke und Bücher gefordert. Ordnen Sie den Nachlagewerken/Büchern die richtigen Inhalte zu:

☐	Pro Diät	1	Medizinische Fachausdrücke
☐	DAB	2	Herstellungsvorschriften, Vorschriften zur Prüfung von AM
☐	Rote Liste	3	Zusammensetzung und Indikationsgebiete von AM
☐	Psychrembel	4	Preise für Rezepturarzneimittel
☐	Synonymverzeichnis	5	Deutsche und lateinische Bezeichnungen für ein AM oder Drogen
☐	Hilfstaxe für Apotheken	6	Online-Verzeichnis der diätetischen/diätgeeigneten Lebensmittel

16 Was verstehen Sie unter den folgenden Abkürzungen?

DAC — _____

HAB — _____

17 In welchen Nachschlagewerken/Büchern würden Sie nach folgenden Informationen suchen?

Nachschlagewerke:
- A - Pschyrembel
- B - Rote Liste
- C - Synonymverzeichnis
- D - Pro Diät
- E - Schwendinger-Schaaf-Marschall
- F - Lauer-Taxe auf PC
- G - Scribas-Tabelle

Sie suchen...

...nach der Übersetzung eines medizinischen Fachausdrucks ___

...nach dem Hersteller eines Arzneimittels ___ ___

...nach dem Verfalldatenschlüssel eines Medikamentes ___

...nach der Lagerungsvorschrift eines Arzneimittels ___

...nach den Inhaltsstoffen eines Arzneimittels ___ ___

...nach der Verschreibungspflicht eines Medikamentes ___ ___ ___

...nach einem Präparat mit vergleichbarem Wirkstoff ___ ___

...nach dem lateinischen Namen einer Droge ___ ___

...nach einem homöopathischen Arzneimittel ___

...nach einem geeigneten diätetischen Lebensmittel ___

18 Nennen Sie ein Buch, welches Ihnen einen Überblick über alle rechtlichen Vorschriften in der Apotheke gibt.

_____

19 Definieren Sie die folgenden Begriffe:

Rezeptur — _____
_____

Defektur — _____
_____
_____

20 Wie müssen rezeptur- und defekturmäßig hergestellte Arzneimittel auf der äußeren Umhüllung nach den Bestimmungen der ApBetrO gekennzeichnet sein?

—
—
—
—
—
—
—
—
—
—
—

21 Wie werden nicht in der Apotheke hergestellte Fertigarzneimittel geprüft?

22 Was verstehen Sie exakt unter einer organoleptischen Prüfung?

23 Wie lange müssen Dokumentationen - also Herstellungs- und Prüfprotokolle - nach der ApBetrO aufbewahrt werden?

24 Welche Fehler finden Sie auf diesen Rezepturetiketten? Vervollständigen Sie die Etiketten fachgerecht!

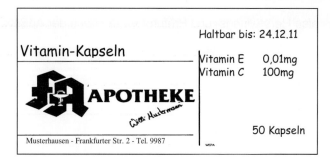

25 Die Vorratshaltung in Apotheken ist in der ApBetrO vorgeschrieben. Füllen Sie die Grafik mit Hilfe der Seiten 47 und A6 (Anhang im Buch) aus.

Warengruppen:

Durchschnittliche Vorratsmenge:

Arzneimittelgruppen:

Beispiele für AM-gruppen:

26 Warum müssen bestimmte Notfalltherapeutika nicht in jeder Apotheke vorrätig sein?

27 Wer richtet die Notfalldepots für Sera, Plasma und Spezialpräparate ein?

28 Warum müssen Arzneimittel und Verbandstoffe in der Apotheke für den Durchschnittsbedarf von einer Woche vorrätig gehalten werden?

29 Ein Verzeichnis der Notfalldepots muss in jeder Apotheke vorhanden sein. Erkundigen Sie sich in Ihrer Apotheke, welches Notfalldepot für Ihre Apotheke am nächsten liegt oder am schnellsten liefern kann.

30 Im Anhang der ApBetrO sind auch „Antidote" aufgeführt. Was verstehen Sie unter dem Begriff „Antidote"?
Geben Sie ein Beispiel für ein Antidot!

31 Dürfen apothekenpflichtige Arzneimittel bei Bestellung über das Internet versendet werden?

32 Herr Apotheker Pfiffig hat eine neue Idee, um seinen Umsatz anzukurbeln. Er installiert vor der Apotheke einen Automaten, den er mit Schmerzmitteln bestückt. Außerdem richtet er in der Offizin noch eine Ecke zur Selbstbedienung ein. Beurteilen Sie das Verhalten vor dem Hintergrund der ApBetrO.

33 Welche Angaben müssen auf einem Rezept (Verschreibung) vom Arzt gemacht werden?

—
—
—
—
—
—
—
—

34 Wenn ein Rezept beliefert wird, müssen von der Apotheke bestimmte Angaben auf der Verschreibung gemacht werden. Zählen Sie diese auf!

—
—
—
—
—

35 Was bedeuten die Packungsgrößen N1, N2 und N3?

N1 —

N2 —

N3 —

36 Lesen Sie den abgebildeten §23 der ApBetrO durch. Beantworten Sie dann die Fragen 37-40.

> **§ 23 Dienstbereitschaft**
>
> (1) Die Apotheke muß außer zu den Zeiten, in denen sie auf Grund einer Anordnung nach § 4 Abs. 2 des Ladenschlußgesetzes geschlossen zu halten ist, ständig dienstbereit sein. Die von einer Anordnung betroffene Apotheke ist zu folgenden Zeiten von der Verpflichtung zur Dienstbereitschaft befreit:
>
> 1. montags bis samstags von 6 Uhr bis 8 Uhr,
> 2. montags bis freitags von 18.30 Uhr bis 20 Uhr,
> 3. samstags von 14 Uhr bis 20.00 Uhr,
> 4. (weggefallen)
>
> (2) Von der Verpflichtung zur Dienstbereitschaft kann die zuständige Behörde für die Dauer der ortsüblichen Schließzeiten, der Mittwochnachmittage, Sonnabende oder der Betriebsferien und, sofern ein berechtigter Grund vorliegt, auch außerhalb dieser Zeiten befreien, wenn die Arzneimittelversorgung in dieser Zeit durch eine andere Apotheke, die sich auch in einer anderen Gemeinde befinden kann, sichergestellt ist.
>
> (3) Die zuständige Behörde kann eine Apotheke, die keiner Anordnung nach § 4 Abs. 2 des Ladenschlußgesetzes unterliegt, für bestimmte Stunden oder für Sonn- und Feiertage von der Dienstbereitschaft befreien.
>
> (4) Während der allgemeinen Ladenschlußzeiten genügt es zur Gewährleistung der Dienstbereitschaft, wenn sich der Apothekenleiter oder eine vertretungsberechtigte Person in unmittelbarer Nachbarschaft zu den Apothekenbetriebsräumen aufhält und jederzeit erreichbar ist. Die zuständige Behörde kann in begründeten Einzelfällen einen Apothekenleiter auf Antrag von der Verpflichtung nach Satz 1 befreien, wenn der Apothekenleiter oder eine vertretungsberechtigte Person jederzeit erreichbar und die Arzneimittelversorgung in einer für den Kunden zumutbaren Weise sichergestellt ist.
>
> (5) Am Eingang der nicht dienstbereiten Apotheken ist an sichtbarer Stelle ein gut lesbarer Hinweis auf die nächstgelegenen dienstbereiten Apotheken anzubringen.
>
> (6) Apotheken, die Krankenhäuser mit Arzneimitteln versorgen, haben unbeschadet der Vorschriften der Absätze 1 bis 4 mit dem Träger des Krankenhauses eine Dienstbereitschaftsregelung zu treffen, die die ordnungsgemäße Arzneimittelversorgung des Krankenhauses gewährleistet.

37 Welche Gesetze regeln die Dienstbereitschaft von Apotheken?

— _____

— _____

38 Wie kann ein Patient herausfinden, welche Apotheke Notdienst hat?

39 Apotheker Fernweh macht zwei Wochen Betriebsferien. Muss er trotzdem Notdienst leisten?

40 Apotheker Diensteifrig macht seinen Notdienst von seinem Wohnhaus aus, welches nur eine Minute von der Apotheke entfernt liegt und über die Türsprechanlage der Apotheke zu erreichen ist. Ist dieses Verhalten erlaubt? Begründen Sie kurz!

41 Welchen Aussagen zum Versandhandel und Mehrbesitz können Sie uneingeschränkt zustimmen?

- ☐ Versandhandel darf nur eine Internetapotheke betreiben
- ☐ Ein Apotheker darf neben seiner Apotheke bis zu drei Filialapotheken betreiben
- ☐ Ein Apotheker muss seine Hauptapotheke selbst leiten
- ☐ Der Preis beim Versand berechnet sich nicht nach der Arzneimittelpreisverordnung
- ☐ Eine Bildung von Kettenapotheken durch Zusammenschluss von Apotheken ist nicht erlaubt
- ☐ Versandhandel dürfen alle öffentlichen Apotheken mit Erlaubnis betreiben

42 Warum werden Tierarzneimittel in Apotheken nur in einem geringen Umfang vorrätig gehalten?

_____

_____

_____

43 Informieren Sie sich zum Thema Tierarzneimittel in einem Lehrbuch oder dem Internet und ergänzen Sie den Lückentext.

Werden in einer Apotheke Tierarzneimittel abgegeben, so sind die Vorschriften der _____ einzuhalten. Über den _____ und die _____ von verschreibungspflichtigen Tierarzneimitteln sind _____ zu führen. Als Nachweis kann ein _____ , eine _____ oder ein _____ dienen. Werden Arzneimittel bei Tieren angewendet, die zur Gewinnung von Lebensmitteln dienen, so muss der Tierarzt die Verschreibung in _____ Ausfertigung ausstellen. Das _____ erhält der Tierhalter, die _____ bleibt in der _____ und muss _____ lang aufbewahrt werden.

Das Arzneimittelgesetz

1 Wie wird das Arzneimittelgesetz abgekürzt und wann trat es erstmals in Kraft?

_____

2 Ergänzen Sie die Abschnitte mit den passenden Überschriften auf der übernächsten Seite.

Gesetz über den Verkehr mit Arzneimitteln

Inhaltsübersicht

Erster Abschnitt

Anwendungsbereich
§ 1 Zweck des Gesetzes
§ 2 Arzneimittelbegrif
§ 3 Stoffbegriff
§ 4 Sonstige Begriffsbestimmungen
§ 4a Ausnahmen vom Anwendungsbereich
§ 4b Sondervorschriften für Arzneimittel für neuartige Therapien

Zweiter Abschnitt

§ 5 Verbot bedenklicher Arzneimittel
§ 6 Ermächtigung zum Schutz der Gesundheit
§ 6a Verbot von Arzneimitteln zu Dopingzwecken im Sport
§ 7 Radioaktive und mit ionisierenden Strahlen behandelte Arzneimittel
§ 8 Verbote zum Schutz vor Täuschung
§ 9 Der Verantwortliche für das Inverkehrbringen
§ 10 Kennzeichnung
§ 11 Packungsbeilage
§ 11a Fachinformation
§ 12 Ermächtigung für die Kennzeichnung, die Packungsbeilage und die Packungsgrößen

Dritter Abschnitt

§ 13 Herstellungserlaubnis
§ 14 Entscheidung über die Herstellungserlaubnis
§ 15 Sachkenntnis
§ 16 Begrenzung der Herstellungserlaubnis
§ 17 Fristen für die Erteilung
§ 18 Rücknahme, Widerruf, Ruhen
§ 19 Verantwortungsbereiche
§ 20 Anzeigepflichten
§ 20a Geltung für Wirkstoffe und andere Stoffe
§ 20b Erlaubnis für die Gewinnung von Gewebe und die Laboruntersuchungen
§ 20c Erlaubnis für die Be- oder Verarbeitung, Konservierung, Prüfung, Lagerung oder das Inverkehrbringen von Gewebe oder Gewebezubereitungen
§ 20d Ausnahme von der Erlaubnispflicht für Gewebe und Gewebezubereitungen

Vierter Abschnitt

§ 21 Zulassungspflicht
§ 21a Genehmigung von Gewebezubereitungen
§ 22 Zulassungsunterlagen
§ 23 Besondere Unterlagen bei Arzneimitteln für Tiere
§ 24 Sachverständigengutachten
§ 24a Verwendung von Unterlagen eines Vorantragstellers
§ 24b Zulassung eines Generikums, Unterlagenschutz
§ 24c Nachforderungen
§ 24d Allgemeine Verwertungsbefugnis
§ 25 Entscheidung über die Zulassung
§ 25a Vorprüfung
§ 25b Verfahren der gegenseitigen Anerkennung und dezentralisiertes Verfahren
§ 25c Maßnahmen der zuständigen Bundesoberbehörde zu Entscheidungen der Europäischen Kommission oder des Rates der Europäischen Union
§ 26 Arzneimittelprüfrichtlinien
§ 27 Fristen für die Erteilung
§ 28 Auflagenbefugnis
§ 29 Anzeigepflicht, Neuzulassung
§ 30 Rücknahme, Widerruf, Ruhen
§ 31 Erlöschen, Verlängerung
§ 32 Staatliche Chargenprüfung
§ 33 Kosten
§ 34 Information der Öffentlichkeit
§ 35 Ermächtigungen zur Zulassung und Freistellung
§ 36 Ermächtigung für Standardzulassungen
§ 37 Genehmigung der Kommission der Europäischen Gemeinschaften oder des Rates der Europäischen Union für das Inverkehrbringen, Zulassungen von Arzneimitteln aus anderen Staaten

Fünfter Abschnitt

§ 38 Registrierung homöopathischer Arzneimittel
§ 39 Entscheidung über die Registrierung homöopathischer Arzneimittel, Verfahrensvorschriften
§ 39a Registrierung traditioneller pflanzlicher Arzneimittel
§ 39b Registrierungsunterlagen für traditionelle pflanzliche Arzneimittel
§ 39c Entscheidung über die Registrierung traditioneller pflanzlicher Arzneimittel
§ 39d Sonstige Verfahrensvorschriften für traditionelle pflanzliche Arzneimittel

Sechster Abschnitt

§ 40 Allgemeine Voraussetzungen der klinischen Prüfung
§ 41 Besondere Voraussetzungen der klinischen Prüfung
§ 42 Verfahren bei der Ethik-Kommission, Genehmigungsverfahren bei der Bundesoberbehörde
§ 42a Rücknahme, Widerruf und Ruhen der Genehmigung oder der zustimmenden Bewertung

Siebter Abschnitt

§ 43 Apothekenpflicht, Inverkehrbringen durch Tierärzte
§ 44 Ausnahme von der Apothekenpflicht
§ 45 Ermächtigung zu weiteren Ausnahmen von der Apothekenpflicht
§ 46 Ermächtigung zur Ausweitung der Apothekenpflicht
§ 47 Vertriebsweg
§ 47a Sondervertriebsweg, Nachweispflichten
§ 47b Sondervertriebsweg Diamorphin
§ 48 Verschreibungspflicht
§ 49 Automatische Verschreibungspflicht
§ 50 Einzelhandel mit freiverkäuflichen Arzneimitteln
§ 51 Abgabe im Reisegewerbe
§ 52 Verbot der Selbstbedienung
§ 52a Großhandel mit Arzneimitteln
§ 52b Bereitstellung von Arzneimitteln
§ 53 Anhörung von Sachverständigen

Achter Abschnitt

§ 54 Betriebsverordnungen
§ 55 Arzneibuch
§ 55a Amtliche Sammlung von Untersuchungsverfahren

Neunter Abschnitt

§ 56 Fütterungsarzneimittel
§ 56a Verschreibung, Abgabe und Anwendung von Arzneimitteln durch Tierärzte
§ 56b Ausnahmen
§ 57 Erwerb und Besitz durch Tierhalter, Nachweise
§ 58 Anwendung bei Tieren, die der Gewinnung von Lebensmitteln dienen
§ 59 Klinische Prüfung und Rückstandsprüfung bei Tieren, die der Lebensmittelgewinnung dienen
§ 59a Verkehr mit Stoffen und Zubereitungen aus Stoffen
§ 59b Stoffe zur Durchführung von Rückstandskontrollen
§ 59c Nachweispflichten für Stoffe, die als Tierarzneimittel verwendet werden können
§ 60 Heimtiere
§ 61 Befugnisse tierärztlicher Bildungsstätten

Zehnter Abschnitt

§ 62 Organisation
§ 63 Stufenplan
§ 63a Stufenplanbeauftragter
§ 63b Dokumentations- und Meldepflichten
§ 63c Besondere Dokumentations- und Meldepflichten bei Blut- und Gewebezubereitungen

Elfter Abschnitt

§ 64 Durchführung der Überwachung
§ 65 Probenahme
§ 66 Duldungs- und Mitwirkungspflicht
§ 67 Allgemeine Anzeigepflicht
§ 67a Datenbankgestütztes Informationssystem
§ 68 Mitteilungs- und Unterrichtungspflichten
§ 69 Maßnahmen der zuständigen Behörden
§ 69a Überwachung von Stoffen, die als Tierarzneimittel verwendet werden können
§ 69b Verwendung bestimmter Daten

Zwölfter Abschnitt
Sondervorschriften für Bundeswehr, Bundespolizei, Bereitschaftspolizei, Zivilschutz

§ 70 Anwendung und Vollzug des Gesetzes
§ 71 Ausnahmen

Dreizehnter Abschnitt

§ 72 Einfuhrerlaubnis
§ 72a Zertifikate
§ 72b Einfuhrerlaubnis und Zertifikate für Gewebe und bestimmte Gewebezubereitungen
§ 73 Verbringungsverbot
§ 73a Ausfuhr
§ 74 Mitwirkung von Zolldienststellen

Vierzehnter Abschnitt

§ 74a Informationsbeauftragter
§ 75 Sachkenntnis
§ 76 Pflichten

Fünfzehnter Abschnitt
Bestimmung der zuständigen Bundesoberbehörden und sonstige Bestimmungen

§ 77 Zuständige Bundesoberbehörde
§ 77a Unabhängigkeit und Transparenz
§ 78 Preise
§ 79 Ausnahmeermächtigungen für Krisenzeiten
§ 80 Ermächtigung für Verfahrens- und Härtefallregelungen
§ 81 Verhältnis zu anderen Gesetzen
§ 82 Allgemeine Verwaltungsvorschriften
§ 83 Angleichung an Gemeinschaftsrecht

Sechzehnter Abschnitt

§ 84 Gefährdungshaftung
§ 84a Auskunftsanspruch
§ 85 Mitverschulden
§ 86 Umfang der Ersatzpflicht bei Tötung
§ 87 Umfang der Ersatzpflicht bei Körperverletzung
§ 88 Höchstbeträge
§ 89 Schadensersatz durch Geldrenten
§ 90
§ 91 Weitergehende Haftung
§ 92 Unabdingbarkeit
§ 93 Mehrere Ersatzpflichtige
§ 94 Deckungsvorsorge
§ 94a Örtliche Zuständigkeit

Siebzehnter Abschnitt
Straf- und Bußgeldvorschriften

§ 95 Strafvorschriften
§ 96 Strafvorschriften
§ 97 Bußgeldvorschriften
§ 98 Einziehung
§ 98a Erweiterter Verfall

Zweck des Gesetzes und Begriffsbestimmungen

Zulassung von Arzneimitteln

Sicherung und Kontrolle der Qualität

Abgabe von Arzneimitteln

Überwachung

Haftung für Arzneimittelschäden

Einfuhr und Ausfuhr

Registrierung homöopathischer Arzneimittel

Schutz des Menschen bei der klinischen Prüfung

Sondervorschriften für Arzneimittel, die bei Tieren angewendet werden

Beobachtung, Sammlung und Auswertung von Arzneimittelrisiken

Informationsbeauftragter, Pharmaberater

Herstellung von Arzneimitteln

Anforderung an die Arzneimittel

3 Welche Aufgabe hat das Arzneimittelgesetz?

_____
_____
_____

4 Nennen Sie die drei Grundbedingungen, die für die Zulassung eines Arzneimittels nötig sind.

— _____

— _____

— _____

5 Um welche Art von Zulassung handelt es sich?

...eine allgemein gültige Zulassung, von denen die Apotheken Gebrauch machen können, ohne eine Einzelzulassung zu beantragen. Sie bietet den Apotheken die gesetzliche Grundlage für das Abfüllen von Franzbranntwein, Kamillenblüten oder Salbeiblättern auf Vorrat.

Es handelt sich hierbei um eine _____

6 Welche Behörde ist für die Zulassung von Arzneimitteln und Medizinprodukten zuständig?

_____

7 Müssen homöopathische Arzneimittel vom BfArM zugelassen werden?

_____

_____

8 Müssen Naturheilmittel (pflanzliche Zubereitungen) vom BfArM zugelassen werden?

_____

9 Das erste Arzneimittelgesetz von 1961 ging noch davon aus, dass allein der Arzneimittel-Hersteller die Verantwortung für Arzneimittel übernehmen müsse. Arzneimittel wurden daher ohne nähere Prüfung auf Wirksamkeit und Nebenwirkungen nur registriert. Erst nachdem ein großer Fall von Arzneimittelnebenwirkungen aufgetreten war, wurden Arzneimittel mit bisher unbekannter Wirksamkeit einer fünfjährigen automatischen Verschreibungspflicht unterstellt. Wissen Sie, welcher Fall damals in der Presse für enormen Wirbel sorgte?

_____

_____

34

Knoellinger/Berger – Apotheke und Recht   Eckert-Lill/Gebler – Der Apothekenbetrieb

10 Machen Sie sich vertraut mit den Angaben auf den Behältnissen von Fertigarzneimitteln nach AMG in ihrem Lehrbuch Knoellinger/Berger, S. 58, Eckert-Lill/Gebler, S. 71.

Stellen Sie sich vor, Sie arbeiten als PKA in der Abteilung für die Zulassung von Arzneimitteln der Firma PKA-Pharm in Limburg. Aufgrund des unten abgedruckten Schreibens sollen Sie eine Umverpackung für ein Arzneimittel mit allen notwendigen Angaben laut AMG erstellen.

Die Vorlage der Packung finden Sie auf der nächsten Seite. Kopieren Sie diese auf ein Stück festes Papier und schneiden Sie die Packung wie angegeben aus. Erstellen Sie nun mit Hilfe des Buches und des Schreibens eine Packung, die alle geforderten Angaben der Kennzeichnung enthält.

PKA-Pharm
- interne Mitteilung -
65590 Limburg   10.07.10

Zulassungsabteilung / Abteilung für Packmittel

Erstellen einer Musterpackung für unser neues Präparat „Dolor Kautabletten"

Sehr geehrte Damen und Herren,

hiermit fordern wir aus Ihrer Abteilung ein Muster einer Umverpackung für unser neues **Schmerzmittelpräparat „Dolor Kautabletten" (Packungsgröße 20 Kautabletten, Wirkstoff: Acetylsalicylsäure 500mg)** an. Die **Zulassungsnummer** für dieses neue Präparat lautet **3420.00.00** - das Präparat ist von der Zulassungsbehörde als **apothekenpflichtig** eingestuft worden. Die sonstigen Angaben, die nach dem Arzneimittelgesetz vorgeschrieben sind, können Sie für diese Musterpackung frei erfinden.

Um Abgabe des fertigen Musters in unserer Abteilung bitten wir bis zum 15.08.10.

Mit freundlichen Grüßen

C. Kaiser

C. Kaiser
Mitglied des Vorstandes

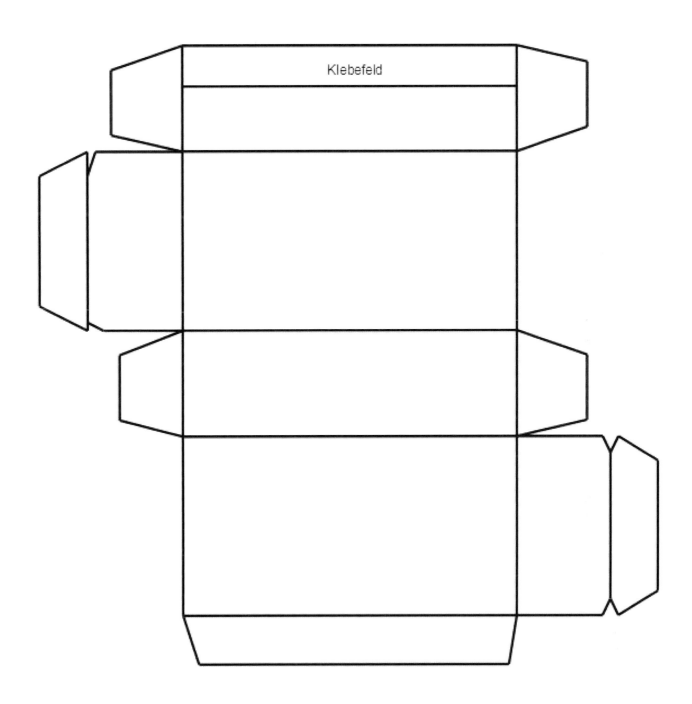

Schneiden Sie die Packung aus und knicken Sie die Seiten entlang der schwarzen Linien nach innen. Beschriften Sie die Packung mit den notwendigen Angaben und kleben Sie sie dann am Klebefeld zusammen.

11 Dürfen Fertigarzneimittel in Deutschland auch in englischer Sprache gekennzeichnet sein? Begründen Sie kurz.

_____

_____

12 Was verstehen Sie unter den Abkürzungen „Ch.-B.", „Zul.-Nr." und „Reg.-Nr" auf Fertigarzneimitteln?

Ch.-B. : _____

Zul.-Nr. : _____

Reg.-Nr. : _____

13 Was ist eine Charge eines Arzneimittels?

_____
_____

14 Aus welchem Grund steht auf einer Arzneimittelpackung eine Chargennummer?

_____
_____

15 Definieren Sie den Begriff „Inverkehrbringen" von Arzneimitteln.

_____
_____
_____

16 Welche Tätigkeiten gelten nach Arzneimittelgesetz als Herstellung?

_____
_____

17 Wie ist im Arzneimittelgesetz ein Fertigarzneimittel definiert?

_____
_____

18 Lesen Sie in ihrem Lehrbuch die Begriffsbestimmungen zum Thema Arzneimittel.
(Knoellinger/Berger, S. 59, Eckert-Lill/Gebler, S. 70)

Arzneimittel zur Anwendung am oder im menschlichen oder tierischen Körper können

A - Krankheiten heilen, lindern, verhüten
B - die Beschaffenheit oder den Zustand des Körpers erkennen lassen
C - Körperflüssigkeiten oder Körperwirkstoffe ersetzen
D - Erreger, Parasiten oder körperfremde Stoffe abwehren oder beseitigen
E - die Beschaffenheit oder den Zustand des Körpers beeinflussen

Ordnen Sie die folgenden Arzneimittel den oben genannten Gruppen zu.

- Röntgenkontrastmittel   zählt zur Gruppe _____

- Blutersatzflüssigkeit   zählt zur Gruppe _____

- Mittel zur Abtötung von Darmbakterien   zählt zur Gruppe _____

- Halsschmerztablette   zählt zur Gruppe _____

- FSME-Impfstoff   zählt zur Gruppe _____

Neben den echten Arzneimitteln (wie den typischen Medikamenten z.B. in Tabletten- oder Kapselform), gibt es auch noch sogenannte fiktive Arzneimittel. Dabei handelt es sich z.B. um Gegenstände wie Implantate, chirurgisches Nahtmaterial oder auch Verbandstoffe.

Welche der aufgeführten Mittel zählen zur Gruppe der fiktiven Arzneimittel?

Kennzeichnen Sie die fiktiven Arzneimittel durch Ankreuzen.

- Harntest auf Zucker   ☐

- Blutstillende Watte   ☐

- Kosmetikum   ☐

- Antibiotikahaltige Gaze   ☐

- Aspirin-Tablette   ☐

- Tabakerzeugnis   ☐

- TTS Pflaster   ☐

19 Der Weg eines Arzneimittels von seiner Produktionsstätte bis hin zum Verbraucher ist lang und geht durch viele qualifizierte Hände, bevor es zu seinem Bestimmungszweck an den Patienten gelangt. Setzen Sie die folgenden Begriffe sinnvoll in das abgebildete Schema der Vertriebswege ein.

Pharmazeutischer Unternehmer - Apotheke - Verbraucher/Patient - sonstige berechtigte Empfänger nach §47 AMG – Großhändler

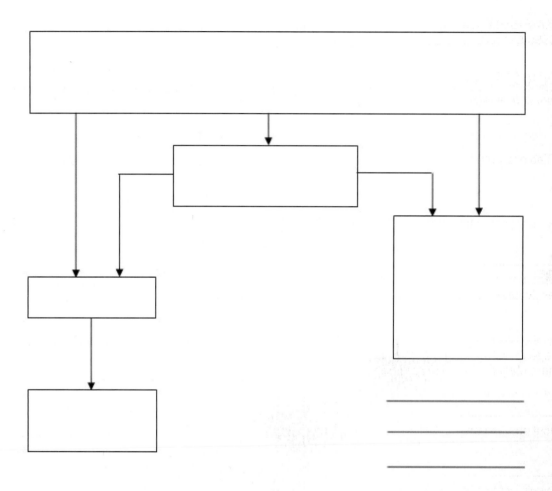

20 Welche Produkte sind keine Arzneimittel? Nennen Sie sechs verschiedene Beispiele!

– _____
– _____
– _____
– _____
– _____
– _____

21 Bei dieser Packungsbeilage sind einige Kennzeichnungen vergessen worden. Füllen Sie die Lücken der Gebrauchsinformation und finden Sie die passenden Fachbegriffe/Erläuterungen!

Diese Begriffe fehlen in der Gebrauchsinformation: Anwendungsgebiete, Zusammensetzung, Art der Anwendung, Wechselwirkungen, Gegenanzeigen, Nebenwirkungen, Dosierung, Anschrift Hersteller.

Gebrauchsinformation

PKA-PHARM AG
65590 Limburg

DOLOR-TABLETTEN
Wirkstoff: Acetylsalicylsäure

_____
1 Tablette enthält 0,5g Acetylsalicylsäure.

_____
Bei Kopfschmerzen, Fieber und Erkältungen.

_____
Nicht anwenden bei Magen- und Zwölffingerdarmgeschwüren sowie erhöhter Blutungsneigung.

_____
Magenbeschwerden, Verminderung der Blutplättchen, Magen-Darm-Blutverluste.

_____
Nicht zusammen mit Kortikoiden einnehmen.

_____
Soweit nicht anders verordnet,
           Erwachsene   Kinder ab 6 Jahre
Einzeldosis   1-2 Tbl.   ½ - 1 ½ Tbl.
Tagesdosis   bis 8 Tbl.   bis 1 - 4 Tbl.

_____
Tabletten mit Wasser einnehmen.

Hinweis:
Nach Ablauf des Verfalldatums nicht mehr anwenden.
Arzneimittel für Kinder unzugänglich aufbewahren!

Nicht über 25° C lagern.

☞ _____ Anschrift Hersteller

☞ Bezeichnung des Arzneimittels

☞ _____ Zusammensetzung

☞ (Fachbegriff) _____ Anwendungsgebiete

☞ (Fachbegriff) _____ Gegenanzeigen

☞ weitere Wirkungen außer der erwünschten Wirkung — Nebenwirkungen

☞ (Fachbegriff) _____ Wechselwirkungen

☞ (Fachbegriff) _____ Dosierung

_____ Art der Anwendung

22 Für Fertigarzneimittel gibt es Packungsbeilagen und Fachinformationen. Für wen sind diese verschiedenen Informationsmedien bestimmt?

Packungsbeilage: _____

Fachinformation: _____

Betäubungsmittelgesetz

1 Definieren Sie mit Hilfe des Buches den Begriff „Betäubungsmittel".

_____

_____

2 Welches Gesetz regelt in der BRD den Verkehr mit Betäubungsmitteln? Wie lautet die Abkürzung?

_____

3 Welche amtliche Stelle überwacht den Verkehr mit Betäubungsmitteln? Wo hat sie ihren Sitz?

_____

_____

4 Benötigt eine Apotheke eine Erlaubnis für den Erwerb, die Verarbeitung sowie die Abgabe von BtM aufgrund einer ärztlichen Verschreibung?

_____

5 Das BtMG teilt BtM-Substanzen in verschiedene Kategorien ein. Nennen Sie zu jeder Kategorie zwei Substanzen bzw. Fertigarzneimittel.

Verkehrs- und verschreibungsfähige Substanzen: _____

BtM-Fertigarzneimittel: _____

Nicht verkehrsfähige BtM-Substanzen: _____

6 Vervollständigen Sie mit Stichworten den abgebildeten BTM-Kreislauf mit Hilfe des Buches.

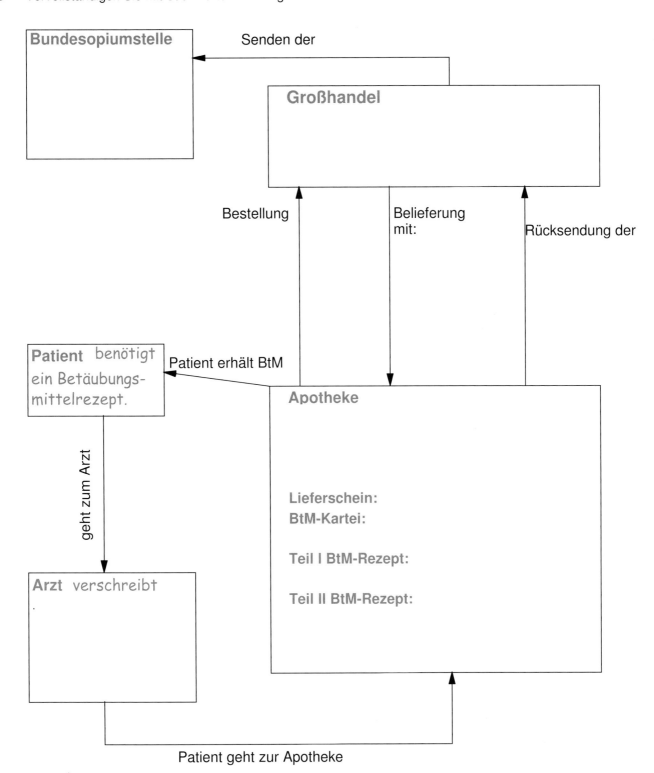

7 Lassen Sie sich von Ihrem(r) Lehrer(in) Beispieldaten für BtM-Zugänge und Abgänge geben und tragen Sie diese in die BtM-Karteikarte unter Beachtung der Vorschriften ein.

8 Welchen Aussagen zum Verkehr mit Betäubungsmitteln stimmen Sie uneingeschränkt zu?

- [ ] Jedes BtM-Rezept besteht aus Teil I, II und III. Man spricht von einem Belegsatz
- [ ] BtM dürfen nicht an den Großhändler zurückgegeben werden - sie müssen vernichtet werden
- [ ] Über den Verbleib von BtM in der Apotheke müssen Karteikarten nach amtlichem Muster geführt werden
- [ ] Teil II eines BtM-Rezeptes bleibt in der Apotheke als Nachweisbeleg
- [ ] Apotheken dürfen anstatt von Karteikarten auch ein EDV-Programm benutzen

9 Welche Angaben müssen auf einem BtM-Rezept handschriftlich erfolgen? Welche dürfen mit einem Stempel oder maschinell vorgenommen werden? Kennzeichnen Sie mit <H> für handschriftlich und mit <M> für maschinell!

- [ ] Anschrift des Patienten
- [ ] Vermerk „In Vertretung" im Vertretungsfall
- [ ] Versichertenstatus
- [ ] Stückzahl des Arzneimittels
- [ ] Gewichtsmenge des enthaltenen BtM in g/mg
- [ ] Anschrift des Arztes
- [ ] Telefonnummer des Arztes

- [ ] Unterschrift des Arztes
- [ ] Krankenkasse des Patienten
- [ ] Arzneimittelbezeichnung
- [ ] Darreichungsform
- [ ] Berufsbezeichnung des Arztes
- [ ] Name des Arztes
- [ ] Gebrauchsanweisung

10 Wie werden Betäubungsmittel für den Stationsbedarf im Krankenhaus angefordert?

_____

_____

_____

_____

11 In welchen Zeitabschnitten muss der Apothekenleiter die BtM-Karteikarten prüfen und wann werden diese abgezeichnet?

_____

_____

12 Nennen Sie die Punkte, die bei der Vernichtung von BtM zu beachten sind!

— _____
— _____
— _____
— _____
— _____

Verkehr mit Alkohol

1 Welches Gesetz regelt in der BRD die Gewinnung und den Handel mit Alkohol?

_____

2 Nennen Sie fünf weitere gebräuchliche Namen (Synonyme) für Alkohol.

— _____   — _____
— _____   — _____
— _____

3 Welche Arten von Branntwein gibt es und wozu darf dieser verwendet werden? Vervollständigen Sie die Tabelle und geben Sie je ein Verwendungsbeispiel an.

Branntwein		
Verwendung	Verwendung	Verwendung

4 Ein Apotheker möchte steuerfreien Branntwein zur Herstellung eines Arzneimittels innerhalb seiner Apothekenräume beziehen. Was muss er beachten? Beantworten Sie hierzu die folgenden Fragen.

A - Wo muss er die Erlaubnis beantragen?

B - Welche Angaben muss er beim Beantragen der Erlaubnis machen?

C - Welche Unterlagen erhält er vom Hauptzollamt zurück?

D - Wie führt der Apotheker seinen Nachweis über die Verwendung des Branntweins?

E - Wann erlischt die Erlaubnis zum Bezug von Branntwein? Nennen Sie fünf Beispiele!

— _____   — _____
— _____   — _____
— _____

F - Was geschieht mit dem Erlaubnisschein, wenn die Erlaubnis erloschen ist?

5 Was verstehen Sie unter „denaturiertem Alkohol"?

Gefahrstoffe (CLP-Verordnung)

1 Wie lautet die Verordnung zum Umgang mit Gefahrstoffen?

_____

2 Ab wann müssen Gefahrstoffe und ab wann Gemische nach der neuen Verordnung gekennzeichnet sein?

_____

3 Nennen Sie vier Beispiele für Gefahrstoffe, die in der Apotheke Verwendung finden.

— _____   — _____

— _____   — _____

4 Müssen Fertigarzneimittel mit Alkohol auch nach der Gefahrstoffverordnung gekennzeichnet sein? Begründen Sie kurz!

_____

_____

5 Wie müssen Gefahrstoffe in der Apotheke gelagert werden? Nennen Sie drei wichtige Punkte, die beachtet werden müssen.

— _____

_____

— _____

_____

— _____

_____

6 Was sind „H-Sätze"?

_____

7 Was sind „P-Sätze"?

_____

8 Erläutern Sie die Beispiele für H(Hazard Statements)- und P (Precautionary Statements)-Sätze.

H 301   P 232

_____   _____

9 Ordnen Sie den Gefahrensymbolen die möglichen Gefahrenbezeichnungen zu. Geben Sie auch die entsprechende GHS-Nummer mit an!

10 Wozu dient ein Gefahrstoffbuch (früher Giftbuch) in der Apotheke?

___

Brennbare Flüssigkeiten

1 Füllen Sie mit Hilfe des Buches die Lücken im Text.

Eng mit der Gefahrstoffverordnung verknüpft ist die _____ _____. In dieser Verordnung wird die _____ _____ brennbarer Flüssigkeiten geregelt. Ein Maß für die Feuergefährlichkeit einer brennbaren Flüssigkeit ist der _____. Dies ist die Temperatur, bei der sich aus einer Flüssigkeit brennbare _____ entwickeln, die sich _____ lassen.

2 Erstellen Sie mit Hilfe des Buches eine Einteilung der brennbaren Flüssigkeiten und geben Sie je zwei Beispiele an.

3 Welche Mengen an brennbaren Flüssigkeiten dürfen in Labor, Rezeptur oder Arbeitsraum vorrätig gehalten werden? Finden Sie die richtige Aussage.

A - Nicht mehr als 25 Liter brennbarer Flüssigkeiten der Gefahrenklasse A II

B - Nur soviel, wie zur Durchführung und zum Fortgang der Arbeiten notwendig ist

C - Soviel, wie die zuständige Behörde bei der Begehung der Räumlichkeiten erlaubt hat

D - Von jeder Gefahrenklasse nicht mehr als fünf Liter in Salzkottener Gefäßen

Richtig ist ☐

4 Welche Anforderungen werden an Lagerräume für brennbare Flüssigkeiten gestellt?

_____

_____

5 Welchen der folgenden Aussagen im Zusammenhang mit dem Gefahrstoffrecht können Sie uneingeschränkt zustimmen?

☐ Alle Fertigarzneimittel müssen nach der CLP-Verordnung gekennzeichnet sein

☐ Die Vorschriften des Gefahrstoffrechts über Abgabe und Kennzeichnung gelten nicht für Fertigarzneimittel

☐ Die CLP-Verordnung regelt nur die Abgabe von sehr giftigen Stoffen (T+)

☐ Pharmazeutisches Personal besitzt die zur Abgabe von Gefahrstoffen notwendige Sachkenntnis

6 Mit welchen Angaben muss ein Vorratsbehältnis für brennbare Flüssigkeiten nach der Gefahrstoffverordnung gekennzeichnet sein?

— _____   — _____

7 Apotheker Chaotisch werkelt nach langer Zeit mal wieder selbst in seinem Apothekenlabor. Lesen Sie die folgende Geschichte und finden Sie heraus, welche Fehler er macht.

Spät am Abend will Herr Chaotisch sich für die Reinigung seines alten Motorrades noch etwas Benzin abfüllen. Da gleich Ladenschluss ist, steckt er sich genüsslich eine Zigarette an und begibt sich in sein modernes Labor. Das Vorratsgefäß scheint leer, deshalb leuchtet er mal schnell mit dem Feuerzeug in die Öffnung, um zu sehen, ob der Rest an Benzin noch reicht. Glück gehabt - es reicht noch. Er nimmt einen alten Metalltrichter und füllt sich die letzten vier Liter Benzin in eine Glasflasche. Den kläglichen Rest von circa 150ml aus der Vorratsflasche kippt er kurzerhand in den Ausguss - Apotheker Chaotisch hat es eilig und möchte jetzt endlich nach Hause.

1. Fehler - _____

2. Fehler - _____

3. Fehler - _____
            _____

4. Fehler - _____
            _____

Eichordnung

1 Welche der folgenden Geräte sind eichpflichtig?

☐ Personenwaage in der Apotheke für die Kundschaft

☐ Laborwaage

☐ Blutdruckmessgerät

☐ Säuglingswaage zum Verleih an Kunden

☐ Säuglingswaage zum Verleih an Ärzte und Hebammen

☐ Fieberthermometer

2 Welche Eichgültigkeiten haben die folgenden Messgeräte?

Messgerät	Eichgültigkeit
Mechanische Balkenwaage	— _____
Flüssigkeitsthermometer im Apothekenlabor	— _____
Elektronische Analysenwaage	— _____
Blutdruckmessgerät	— _____

3 Welche Geräte sind von einer Nacheichung befreit? Nennen Sie zwei Beispiele.

— _____

— _____

Heilmittelwerbegesetz

1 Welche Aufgabe hat das Heilmittelwerbegesetz?

_____

_____

2 Bei welchen Personengruppen darf für verschreibungspflichtige Arzneimittel geworben werden?

— _____   — _____

— _____   — _____

— _____

3 Welcher allgemeine Hinweis wird immer am Ende einer Fernsehwerbung für ein Arzneimittel eingeblendet?

_____

_____

4 Apotheker Geschäftstüchtig will in seinem Apothekenschaufenster Werbung für ein neues apothekenpflichtiges, pflanzliches Mittel zur Raucherentwöhnung machen. Er dekoriert sein Schaufenster mit Krankengeschichten von Patienten und stellt auch die Dankschreiben dieser Patienten aus. Außerdem zeigt er Röntgenaufnahmen von Rauchern und Krebspatienten, um zu belegen, wie gefährlich Rauchen ist. Zudem bietet er jedem Kunden, der sich für dieses Medikament interessiert, eine Gratisprobe von 5 Tabletten an. Er weist seine PKA an, das Schaufenster mit leeren Packungen von Zigaretten und Aschenbechern zu dekorieren, damit jeder Kunde sofort die Thematik erkennen kann.

Beurteilen Sie die Werbemaßnahme vor dem Hintergrund des Heilmittelwerbegesetzes (Anhang A10).

_____

_____

_____

_____

Medizinproduktegesetz

1 Das Medizinproduktegesetz teilt Medizinprodukte neben der Unterteilung in aktive und nicht aktive Medizinprodukte noch in vier Hauptgruppen ein. Ordnen Sie jeder Gruppe drei Beispiele zu.

- **Medizinprodukte der Klasse I**

  _____

- **Medizinprodukte der Klasse IIa**

  _____

- **Medizinprodukte der Klasse IIb**

  _____

- **Medizinprodukte der Klasse III**

  _____

2 Woran erkennen Sie in der Apotheke, dass ein Medizinprodukt allen erforderlichen gesetzlichen Anforderungen entspricht?

_____

Vorschriften und Gesetze allgemeiner Art

1 Woran erkennen Sie ein eingetragenes Warenzeichen?

_____

2 Bei welchen Waren ist in der Apotheke eine Preisauszeichnung vorgeschrieben?

- ☐ Kosmetik im Selbstbedienungsregal
- ☐ Arzneimittel im Generalalphabet des Vorratslagers
- ☐ Tee, der im Schaufenster ausgestellt ist
- ☐ Arzneimittel zur Abgabe an Patienten der gesetzlichen Krankenversicherung

3 Gegen welche gesetzliche Bestimmung verstößt die Azubi in diesem Bild?

„...wusstest Du, dass Frau Trinkfest auch tablettensüchtig ist und..."

---

4 Für welche Personen gilt die Schweigepflicht nicht?

☐ Putzfrau

☐ Pharmazeutisch-kaufmännische Angestellte

☐ Kunden

☐ Apotheker

☐ Apothekerfrau, die im Büro der Apotheke mitarbeitet

5 Wann erlischt die Schweigepflicht für eine PKA?

☐ nach 12 Jahren ☐ ein Gericht entbindet die PKA von der Schweigepflicht

☐ niemals ☐ bei einem Wechsel des Arbeitsplatzes

6 Eine Patientin erleidet einen hypoglykämischen Schock in der Apotheke. Dadurch erfahren Sie von ihrer Schwangerschaft. Fällt dieses Wissen unter die Schweigepflicht (auch vor dem Ehemann)?

Überprüfen Sie Ihr Wissen!

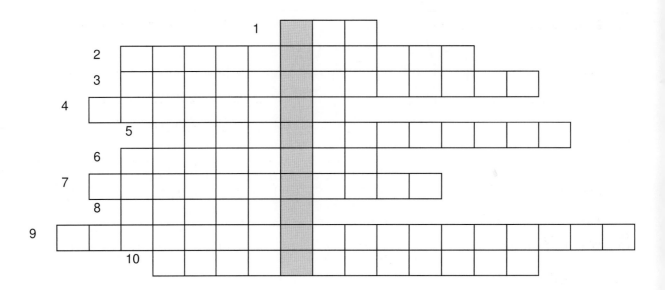

1 Abkürzung für Betäubungsmittel

2 Andere Bezeichnung für Gift

3 Muss mindestens aus einer Offizin, ausreichendem Lagerraum und einem Nachtdienstraum bestehen

4 Diese Tätigkeit darf (bei der Abgabe von Arzneimitteln) nur von pharmazeutischem Personal ausgeübt werden

5 Steuerfreier, vergällter Branntwein

6 Herstellung von Arzneimitteln in größeren Mengen auf Vorrat

7 Dieses Messgerät muss alle vier Jahre nachgeeicht werden

8 In einem Arbeitsgang hergestellte Arzneimittel kennzeichnet man mit ...

9 Dieses Gesetz versucht eine optimale Arzneimittelsicherheit zu verwirklichen

10 Fachbegriff für Namen, die durch das hochgestellte, große R in einem Kreis gesetzlich geschützt sind

Gerätschaften der Apotheke

1 Welche Verordnung schreibt eine Mindestausstattung an Gerätschaften in jeder Apotheke vor?

2 Beschreiben Sie das Aussehen und die Verwendung einer Salbenmühle (Dreiwalzenmühle).

3 Was muss bei der Reinigung einer Salbenmühle beachtet werden?

4 Nennen Sie zwei verschiedene Methoden zur Füllung einer Salbentube.

5 Was ist ein Unguator®?

56

Knoellinger/Berger – Sachkunde für den Apothekenbetrieb

Eckert-Lill/Gebler – Tätigkeiten nach der Apothekenbetriebsordnung

6 Um im Apothekenlabor arbeiten zu können, müssen Sie Laborgeräte kennen. Kopieren Sie die nächsten drei Seiten auf festeres Papier und schneiden Sie die Kärtchen aus. Mit diesen Kärtchen spielen Sie dann das „Memory-Spiel", um Aussehen und Gerätenamen spielend zu lernen.

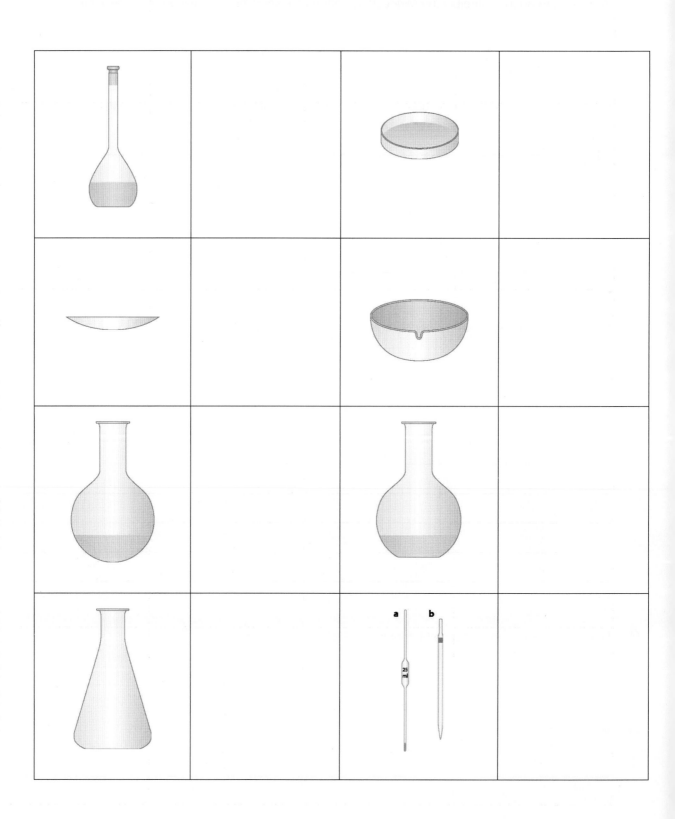

Knoellinger/Berger – Sachkunde für den
Apothekenbetrieb

Eckert-Lill/Gebler – Tätigkeiten nach der
Apothekenbetriebsordnung

57

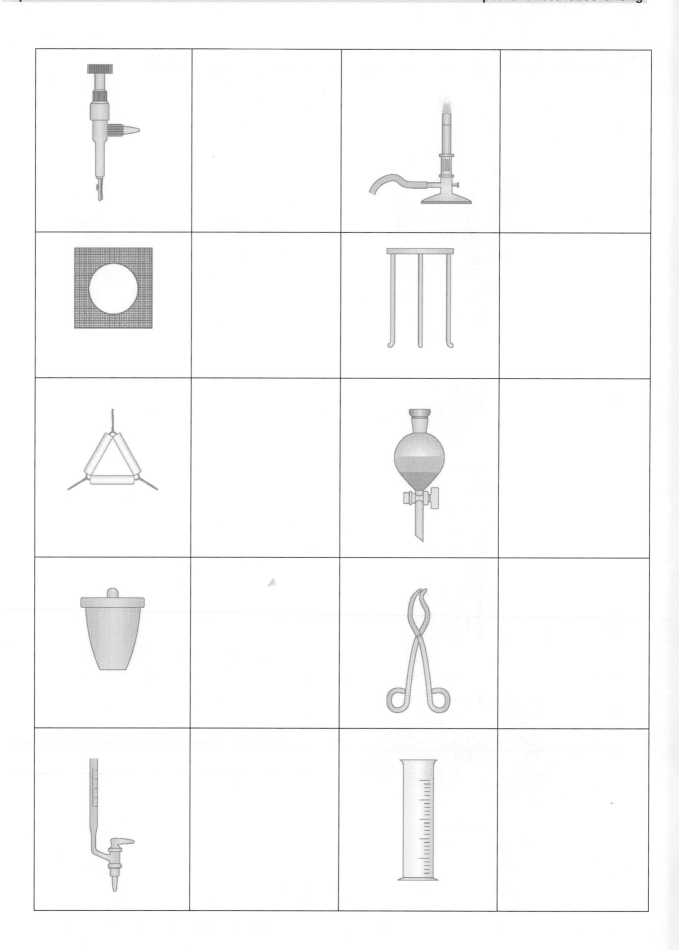

7 Um welche Geräte handelt es sich bei den Abbildungen auf den nächsten Seiten?

_____

_____

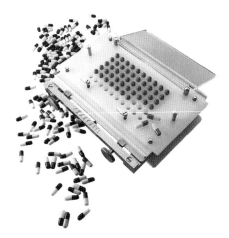

_____

_____

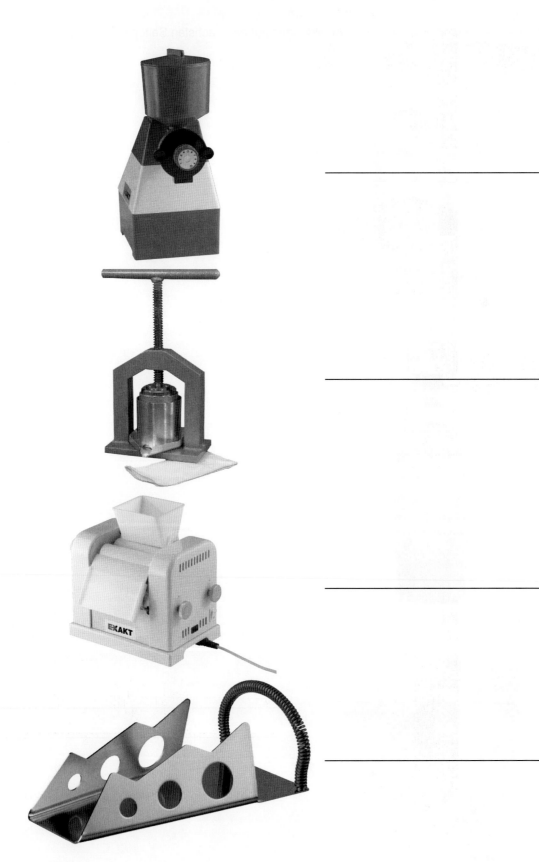

8 Aus welchen Materialien können in der Apothekenrezeptur gebräuchliche Löffel bestehen?

_____

9 Was verstehen Sie unter einem Spatel?

_____
_____
_____

10 Beschreiben Sie das Aussehen eines Spatelmessers.

_____
_____

11 Was ist ein Autoklav?

_____
_____

12 Was ist eine Mensur?

_____

13 Sie kennen sicher den Ausspruch „...Maulaffen feilhalten". Was aber ist ein Maulaffe in der Apotheke?

_____
_____

14 Welche Arzneimittelzubereitungen werden mit einem Perkolator hergestellt?

_____

Pharmazeutisch-technische Hilfsarbeiten

1 Vervollständigen Sie den folgenden Satz:

Oberstes Gebot bei allen pharmazeutisch-technischen Hilfsarbeiten ist, dass diese nur unter

_____

2 Welche persönlichen Voraussetzungen gelten für Hilfsarbeiten?

_____

3 Wie für die Industrie gelten auch in der Apotheke Richtlinien, wie eine ordentliche Arbeit auszusehen hat. Diese Richtlinien kürzt man mit „GMP" ab. Was bedeutet diese Abkürzung?

_____

4 Nennen Sie die sechs wichtigsten Punkte der GMP-Richtlinien:

— _____
— _____
— _____
— _____
— _____
— _____

5 Welche sechs allgemeine technische Hilfsarbeiten kennen Sie?

— _____   — _____
— _____   — _____
— _____   — _____

6 Definieren Sie den Begriff „Abfassen".

_____
_____

7 Worauf müssen Sie beim Abfüllen von Flüssigkeiten achten?

☐ Die Beschriftung der Flasche darf erst nach dem Befüllen angebracht werden

☐ Bei leicht verdunstenden Flüssigkeiten sollte ein größerer Luftraum bestehen bleiben

☐ Beim Befüllen sollte das Etikett nach oben zeigen, so dass nichts über die Beschriftung läuft

☐ Vor dem Aufsetzen des Schraubverschlusses ist dieser leicht einzufetten

☐ Flaschen mit brennbaren Flüssigkeiten immer bis an den obersten Rand befüllen

8 Wie hoch sollte eine Flasche mit Lebertran (oder anderen fetten Ölen) gefüllt werden? Begründen Sie!

_____
_____

9 Wie können Sie eine mit Wasser frisch ausgespülte Flasche schnell trocknen?

_____

10 Ein Teil des Öles einer Vorratsflasche ist im Kalten erstarrt. Was ist beim Umfüllen zu beachten? Begründen Sie kurz Ihre Vorgehensweise.

_____
_____
_____

11 In welche Abgabegefäße werden Salben, Pasten oder Cremes gefüllt?

_____

12 Was müssen Sie beim Befüllen von Salbenkruken beachten?

— _____

— _____

13 Ordnen Sie den Arbeitsweisen die richtigen Fachbegriffe zu.

Filtration durch Mull, Tücher oder Watte. Ein Holzrahmen dient zum Einspannen des Filtertuches. ⇨ _____

Verteilen von zwei nicht miteinander mischbaren Flüssigkeiten ineinander. ⇨ _____

Trennung fester und flüssiger Stoffe durch Abgießen. ⇨ _____

Entfernen feiner oder grober Partikel aus einem festen Gut. ⇨ _____

Keimfreimachen von Arzneimitteln oder Gegenständen. ⇨ _____

Trennung von Stoffen aufgrund ihres Siedepunktes. ⇨ _____

14 Woran erkennen Sie, dass Blaugel aus einem Exsikkator regeneriert werden muss?

_____

15 Wie können Sie in der Apotheke verbrauchtes Blaugel selbst regenerieren?

_____

16 Was müssen Sie beachten, wenn Sie sehr kleine Gewichte auf eine Waage legen wollen?

_____

17 Ordnen Sie dem Fachbegriff die richtige Erklärung zu.

Tarieren ☐   A - Gewicht einer Ware mit Verpackung

Nettogewicht ☐   B - Ein Leergefäß auf einer Waage auf Null auswiegen

Bruttogewicht ☐   C - Gewicht einer Ware ohne Verpackung

Gebräuchliche Arzneiformen und Herstellung

1 Ordnen Sie die aufgezählten Arzneiformen nach festen, halbfesten und flüssigen Formen.

Infusion, Zäpfchen, Salbe, Augentropfen, Gel, Dragee, Creme, Tablette, Granulat, Kapsel, Tinktur, Pulver

feste Arzneiformen	halbfeste Arzneiformen	flüssige Arzneiformen
—	—	—
—	—	—
—	—	—
—		

2 Manche Arzneimittel, z.B. Nitroderm TTS®, haben im Namenszusatz „TTS" stehen. Was bedeutet dies?

_____

_____

_____

3 Kennen Sie die lateinischen Bezeichnungen der folgenden Arzneiformen?

Tabletten — _____   Salben — _____

Kapseln — _____   Sirupe — _____

Tinkturen — _____   Zäpfchen — _____

4 Erklären Sie die unterschiedlichen Arzneiformen.

Retardtablette — _____

Brausetablette — _____

Lutschtablette — _____

Dragee — _____

5 Welche Arten von Kapseln gibt es auf dem Markt?

— _____

— _____

— _____

— _____

6 Welche Anforderungen stellt das Arzneibuch an die Beschaffenheit von Augentropfen?

— _____

— _____

7 Welchen Aussagen zu Arzneiformen stimmen Sie uneingeschränkt zu?

☐ Pillen werden als moderne Arzneiform in der Medizin oft verordnet.

☐ Eine Emulsion ist eine Mischung aus einer Fett- und einer Wasserphase und Emulgatoren.

☐ Lotionen zählen zu den Suspensionen, sind also Mischungen von Flüssigkeiten und Feststoffen.

☐ Cremes enthalten in der Regel einen hohen Anteil an pulverförmigen Substanzen.

☐ Injektionen und Infusionen zählen zu den Parenteralia - das sind Arzneimittel, die unter Umgehung des Magen-Darm-Traktes zur Anwendung kommen.

8 Nennen Sie zwei Gründe, warum ein Patient lieber eine Brausetablette als eine normale Tablette einnehmen möchte.

— _____

— _____

Einteilung und Lagerung der Arzneistoffe

1 Wie sind Arzneimittel in der Apotheke zu lagern?

_____

_____

2 Folgende Begriffe finden unter dem Überbegriff „Lagerung" Verwendung in der Apotheke. Welche Begriffe gelten dabei nicht für Fertigarzneimittel?

- ☐ Dicht verschlossen
- ☐ Luftdicht verschlossen
- ☐ Vor Feuchtigkeit geschützt
- ☐ Vorsichtig zu lagern
- ☐ Sehr vorsichtig zu lagern
- ☐ Vor Licht geschützt

3 Vervollständigen Sie die folgenden Sätze.

Vorratsbehältnisse müssen mit gut lesbaren und _____ Aufschriften versehen sein, die den Inhalt _____ bezeichnen. Es muss eine Bezeichnung gewählt werden, die im _____ aufgeführt ist. Die Aufschriften der Vorratsbehältnisse sind nach der _____ in _____ auf _____ anzubringen, soweit das Arzneibuch nichts anderes bestimmt.

4 Vervollständigen Sie die Tabelle zur Lagerung von Arzneistoffen. Finden Sie die Fachbegriffe und stellen Sie das Aussehen der Etiketten auf den Standgefäßen in Farbe dar.

Standgefäße

5 Um welche Standgefäße handelt es sich bei den folgenden Abbildungen? Geben Sie zu jedem Standgefäß ein weiteres Beispiel für einen Stoff, der darin gelagert werden sollte.

	Name des Standgefäßes	Lagerungsbeispiel
 Blechdose		
 Flasche KAL. JODAT.		
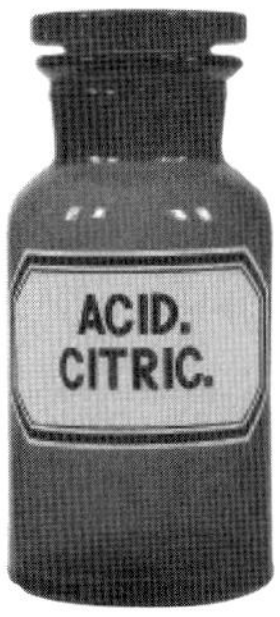 Flasche ACID. CITRIC.		
 Flasche HYDROGEN. PEROXYDAT. SOL. CONC.		
 Dose UNGT. ALCOHOL. LANAE		

6 Geben Sie je zwei Arzneistoffbeispiele für die angeführten Lagerungsarten:

Indifferentia: _____

Separanda: _____

Venena: _____

7 Wie funktioniert ein Aquaex-Stopfen?

_____

_____

Knoellinger/Berger – Sachkunde für den Apothekenbetrieb

Eckert-Lill/Gebler – Tätigkeiten nach der Apothekenbetriebsordnung

8 Welche Abgabebehältnisse gibt es für die verschiedenen Arzneiformen?

Flüssigkeiten		
Gifte		
Augentropfen		
sterile Arzneimittel		
Salben/Pasten Gele/Cremes		
Pulver		
Suppositorien		
Tabletten/Pillen		
Tees		

Pharmazeutische Fachsprache

1 Übersetzen Sie die lateinischen Begriffe ins Deutsche.

absolutus — _____

mollis — _____

niger — _____

raspatus — _____

contusus — _____

rectificatus — _____

vulgaris — _____

causticus — _____

fortis — _____

anhydricus — _____

depuratus — _____

dulcis — _____

2 Übersetzen Sie in die alten bzw. neuen lateinischen Bezeichnungen.

Alte lateinische Bezeichnung	Neue lateinische Bezeichnung
Radix Gentianae	
	Frangulae cortex
Folia Sennae	
	Ricini oleum
	Carvi fructus
Semen Lini	
Herba Hyperici	

3 Der Chemieprofessor betritt die Apotheke: „Bitte eine Originalpackung N,N-Dimethyl-3-(2-trifluormethyl-10-phenothiazin)propylamin." Sagt der Apotheker: „Ah, Herr Professor meinen Triflupromazin?" Darauf kommt die Antwort des Professors: „Kann schon sein - ich kann mir nur diesen Namen nicht merken!" Welcher der beiden Namen ist der INN-Name des Fertigarzneimittels mit Handelsnamen Psyquil®?

Überprüfen Sie Ihr Wissen!

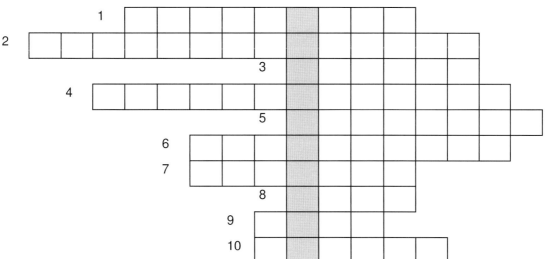

1. Fachbegriff für Senkwaage
2. „Arzneiform" von löslichem Kaffee
3. Kleingerät zum Entnehmen von Salben oder Pasten
4. Fachbegriff für Zäpfchen
5. Fachausdruck für die Gewinnung pflanzlicher Auszüge durch Filtration mit Hilfe von Mull
6. Glasröhre mit Ablaufhahn zur Bereitung von Drogenauszügen
7. Fachbegriff für Kolierrahmen
8. Oft benutztes Abgabebehältnis für Salben
9. Material für Flaschenverschlüsse, welches nur noch selten Verwendung findet
10. Tablettenkern mit einem dicken Überzug

Einführung in die Betriebswirtschaft

1 Welche Rechtsformen von Unternehmen kennen Sie?

— _____
— _____
— _____
— _____

2 Welche der Rechtsformen aus Aufgabe 1 sind für die Apotheke zulässig?

_____

3 Welche Standortfaktoren sind für eine Apotheke besonders wichtig?

— _____
— _____
— _____
— _____
— _____

4 Eine Bestellung ist eine Willenserklärung. Welche Formen der Bestellung kennen Sie?

_____
_____

5 Was verstehen Sie unter einem Kauf auf Ziel?

_____
_____

6 Was verstehen Sie unter den folgenden Bedienungsformen?

Sichtwahl: _____

Freiwahl: _____

7 Was verstehen Sie unter „Preisoptik"?

☐ Die Preisschilder müssen optimal gestaltet sein - groß und gut lesbar

☐ Die Preisschilder sollten in einer ansprechenden Farbe gestaltet sein

☐ Das Erscheinungsbild eines Verkaufspreises. Gebrochene Preise (2,98 €) wirken billiger als glatte Preise (3,- €)

☐ Die Kennzeichnung der Verkaufspackungen mit ihrem Verkaufspreis

8 Um welche Kalkulationsverfahren handelt es sich in den beiden Beispielen?

Vom Einkaufspreis rechnet man herauf auf den Verkaufspreis: _____

Vom Verkaufspreis rechnet man herunter auf den Einkaufspreis: _____

9 Was ist ein Kredit?

_____

_____

10 Womit, außer Bargeld und Wechsel, können Sie eine Zahlung vornehmen?

— _____
— _____
— _____
— _____

Knoellinger/Berger – Kaufmännische Grundlagen

11 Definieren Sie die Grundbegriffe des Rechnungswesens, indem Sie den Begriffen die richtige Definition zuordnen.

	Begriff		Definition
☐	Einnahme	1	Abgänge von Geldvermögen
☐	Leistung	2	Zugänge an Geldvermögen
☐	Aufwand	3	Zufluss an Zahlungsmitteln
☐	Ausgabe	4	Erstellte Güter und Dienstleistungen
☐	Auszahlung	5	Wertverzehr zur Leistungserstellung
☐	Einzahlung	6	Abfluss von Zahlungsmitteln
☐	Kosten	7	Wertzuwachs durch Erfüllung des Betriebszwecks
☐	Ertrag	8	Wertverzehr zur Erfüllung des Betriebszwecks

12 Kalkulieren Sie den folgenden Preis.

Sie möchten sich ein neues Mountainbike kaufen. Der Händler hat aber im letzten Monat den Preis für das Fahrrad um 3,5% erhöht, so dass es jetzt 1598,- € kostet. Wie viel hätten Sie vor einem Monat zahlen müssen?

Das Mountainbike hätte vor einem Monat nur _____ € gekostet.

13 Welches sind die grundlegenden Schritte des Einkaufs?

_____

_____

14 Was verstehen Sie unter einer Bestellung?

_____

_____

Knoellinger/Berger – Kaufmännische
Grundlagen

Überprüfen Sie Ihr Wissen!

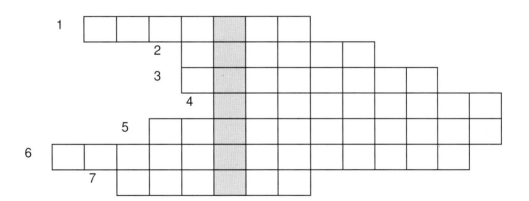

1   An eine bestimmte Person gerichtete Willenserklärung

2   Einkaufsvergünstigung

3   Bildet den Gegensatz zur Sichtwahl

4   Eine mit einem Chip versehene Karte, bei der sich der Chip mit einem Geldbetrag aufladen lässt

5   „Ausweis" für bargeldlose Zahlung

6   Differenz zwischen Verkaufspreis und Einstandspreis in % vom Verkaufspreis

7   Leihweise Überlassung von Geld, das später zurückgezahlt werden muss - zuzüglich Zinsen

Informations- und Kommunikationssysteme

1 Was bedeutet die Abkürzung „DFÜ"?

2 Nennen Sie Aufgaben, die in der Apotheke mit DFÜ erledigt werden können.

—
—
—
—

3 Welches Gerät wird zur DFÜ benötigt?

4 Der Begriff Modem ist ein Kunstwort aus zwei Begriffen. Erläutern Sie dies kurz.

5 Welche Aussage zum Modem trifft zu?

Ein Modem ist

☐ ein Datenübertragungsgerät zwischen zwei EDV-Systemen (Apotheke und Großhandel)

☐ Voraussetzung für den Betrieb eines Balkencodelesers

☐ ein Gerät zur Erfassung von Daten bei einem Apothekencomputer

☐ ein streichholzschachtelgroßes Kästchen, welches an der PC-Tastatur angeschlossen ist

☐ ein Speichergerät für größere Datenmengen

6 Viele pharmazeutische und medizinische Seiten im Internet sind der Öffentlichkeit vorenthalten. Warum ist dies so wie können Sie trotzdem an diese Informationen gelangen?

_____

_____

7 Was bieten die einzelnen Bereiche der Telekommunikation?

Telefon: _____

Telefax: _____

T-DSL: _____

eMail: _____

Mailboxen: _____

Datenbanken: _____

8 Welche Geräte können an einen ISDN-Basis Anschluss angeschlossen werden?

— _____

— _____

9 Welche Vorteile bietet ein ISDN-Anschluss für die Apotheke? Nennen Sie die zwei wichtigsten!

— _____

— _____

10 Ihr Chef benutzt ein Touchscreen-Handy mit Bluetooth-Funktion. Was ist Bluetooth?

_____

11 Welcher Aussage stimmen Sie uneingeschränkt zu?

☐ IDN-Netz und ISDN-Anschluss sind identische Bezeichnungen für ISDN

☐ Mit einem Telex-Gerät können auch einfache Bilder übertragen werden

☐ Um das Internet nutzen zu können, benötigt man einen DSL-Zugang oder ein Modem

12 Das Internet ist zur Zeit eine der meist genutzten Informationsquellen. In diesem Zusammenhang tauchen oft viele Fremdwörter auf. Wissen Sie, was sich hinter diesen Wörtern verbirgt?

Provider: _____

Homepage: _____
_____
_____

e-Mail: _____

Browser: _____

Account: _____
_____

13 Sie möchten einen Internetzugang erhalten. Welche Hardware benötigen Sie dazu?

— _____

— _____

— _____

— _____

14 Um Internet und die Internet-Kommunikation zu nutzen, sollte man sich mit den Fachbegriffen des Internets auskennen. Ordnen Sie den Fachbegriffen die richtige Bedeutung zu.

Bluetooth: ____   A – Schutzwall vor unerlaubtem Zugriff auf den Computer

Bookmark: ____   B – Fachausdruck für Internetadresse

Domain: ____   C – Herunterladen von Daten

Hotspot: ____   D – Lesezeichen im Browser für eine Internetseite

Download: ____   E – Verknüpfung auf eine Datei oder Seite im Internet

Hyperlink: ____   F – Drahtloses Netzwerk für kurze Distanzen

Firewall: ____   G – Bereich mit drahtlosem Internetzugang

15 Geben Sie ein Beispiel für eine typische Internet-Adresse.

_____

Überprüfen Sie Ihr Wissen!

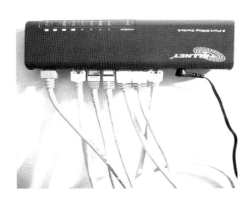

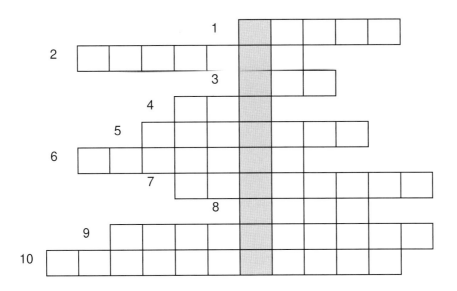

1 Gerät zur Datenfernübertragung

2 Gerät zur Übermittlung von Sprache

3 Abkürzung für Datenfernübertragung

4 Abkürzung für Prozessor (in einem Computer)

5 Elektronischer Briefkasten

6 Anderes Wort für Fernkopierer

7 Anderes Wort für das World-Wide-Web

8 Telefonnetz mit der Möglichkeit, gleichzeitig mehrere Gespräche zu führen

9 Fortbildungsreihe des Deutschen Apotheker Verlages auf Video

10 Erledigung von Bankgeschäften mit Modem und PC

Datenträger und Bestellung

1 Wer vergibt die Pharmazentralnummer (PZN)?

2 Nennen Sie drei Möglichkeiten der Datenerfassung in der Apotheke.

—

—

—

3 Was verstehen Sie unter einer Codierung?

4 RFID-Chips werden wahrscheinlich den normalen Etiketten den Rang ablaufen. Was ist ein RFID-Chip?

5 Welche Codierungsarten kennen Sie?

—

—

—

—

6 Ordnen Sie den Codierformen die richtigen Begriffe zu: Klarschriftbeleg, Strichcodebeleg, Lochkarte, Magnetstreifencodierung, Markierungsbeleg.

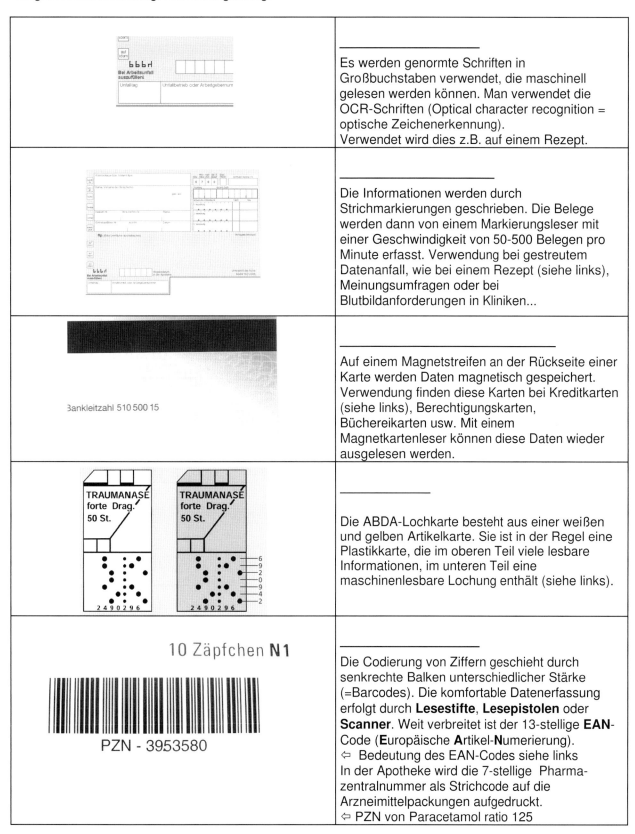

7 Um welche Art von Datenträger handelt es sich in dieser Abbildung?

Es handelt sich hier um eine

_____

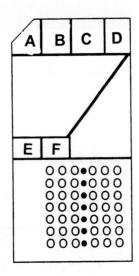

8 Beschriften Sie die Lochkarte mit den folgenden Daten:

— Traumanase forte, 50 Stück
— Apothekenpflichtig
— Verkaufspreis: 37,75 €
— PZN: 249 0 296

Kennzeichnen Sie die Pharmazentralnummer durch Ausfüllen der entsprechenden Felder.

9 Wozu dienen die Felder A bis F?

Feld A: _____

Feld B: _____

Feld C: _____

Feld D: _____

Feld E: _____

Feld F: _____

10 Auf welchen Packungen finden Sie einen EAN-13- oder EAN-8-Code?

_____

11 Welcher Code wird zur Darstellung der Pharmazentralnummer als Strichcode genutzt?

_____

12 Welche Geräte können zur Erfassung von Strichcodes verwendet werden?

☐ Handscanner   ☐ Kärtchenleser   ☐ CD-Reader

☐ Lesestift   ☐ Lesepistole   ☐ Tischscanner

Aufbau und Funktion eines Computers

1 Was verstehen Sie unter dem E-V-A-Prinzip? Welche Geräte lassen sich für diese drei Phasen der Datenverarbeitung nutzen? Nennen Sie Gerätebeispiele!

E	V	A
—	—	—
—		—

Was bedeutet der Begriff „EDV"?

_____

2 Definieren Sie die Begriffe „Hardware" und „Software"!

Hardware: _____

Software: _____

3 Welche Geräteteile zählen im engsten Sinn zur Zentraleinheit eines Computers?

_____

4 Ein Computer ist ähnlich wie ein menschliches Gehirn aufgebaut.
Vervollständigen Sie die Tabelle und ordnen Sie den Bauteilen folgende Begriffe zu:
Gehirn, Kurzzeitgedächtnis, Langzeitgedächtnis. [Mehrfachzuordnungen sind möglich!]

Geräteteil	Besonderes	Aufgabe	menschliche Analogie
Prozessor	Aktueller Prozessortyp:		Gehirn
Arbeitsspeicher (Hauptspeicher)	Speicherkapazität:		
Festplatte	Speicherkapazität:		
SSD-Festplatte	Speicherkapazität:		
CD-ROM	Speicherkapazität:		
DVD	Speicherkapazität:		
Blu-ray	Speicherkapazität:		
USB-Stick	Speicherkapazität:		

5 Bei den Speichermedien unterscheidet man zwischen RAM- und ROM-Medien. Können Sie diese beiden Begriffe definieren?

ROM: _____

RAM: _____

6 Geben Sie je ein Beispiel für ein ROM- und ein RAM-Medium!

ROM-Medium: _____

RAM-Medium: _____

7 Beschreiben Sie den Aufbau einer Festplatte.

_____
_____
_____

8 Was ist ein Streamer und wozu kann er genutzt werden? Kreuzen Sie die richtige Antwort an.

☐ Eine besonders große Diskette zum Speichern von Videos

☐ Ein Videoband mit besonders hoher Aufnahmekapazität

☐ Ein Magnetband, das zur Sicherung großer Datenmengen eingesetzt wird

☐ Ein Kassettenband zur Speicherung von Programmen

9 Welche Geräte zählen zu den Ausgabegeräten an einem PC?

☐ DVD-ROM-Laufwerk ☐ Festplatte ☐ Blu-ray-Laufwerk

☐ Bildschirm ☐ Tastatur ☐ Drucker

10 Sie sollen für die Apotheke einen neuen Monitor kaufen. Worauf müssen Sie achten?

— _____
— _____
— _____
— _____

11 Was verstehen Sie unter dem Begriff „Ergonomie"?

_____
_____

12 Nennen Sie einige elementare Regeln bei langandauernder Bildschirmarbeit!

_____

13 Welche Erkrankungen können auftreten, wenn der Computerarbeitsplatz nicht ergonomisch eingerichtet ist und Sie oft daran arbeiten müssen?

_____

_____

14 Ein ergonomischer Bildschirmarbeitsplatz stellt besondere Anforderungen. Welche zählt nicht dazu?

- ☐ Dreh- und schwenkbarer Monitor
- ☐ Entspiegelter, reflektionsarmer Bildschirm
- ☐ Scharfes und flimmerfreies Bild
- ☐ Ausreichender ROM-Speicher
- ☐ Ein Ozonfilter bei Laserdruckern

15 Ordnen Sie die aufgeführten Drucker in Impact- und Non-Impact-Drucker und geben Sie je einen Vorteil und Nachteil an! *(Impact = Anschlag / Non-Impact = Anschlagfrei)*

Drucker	Druckerart	Vorteil	Nachteil
Laserdrucker			
Tintenstrahldrucker			
Nadeldrucker (Matrixdrucker)			
Thermodrucker			

16 In welcher Größe wird die Auflösung eines Druckers angegeben?

☐ dot ☐ dip ☐ baud ☐ dpi ☐ Hz ☐ Zoll

17 Peripheriegeräte, wie Drucker und Monitore, werden über Schnittstellen (Interface) mit dem Computer verbunden. Welche Abkürzungen tragen die Anschlussstellen? Ordnen Sie die Abkürzungen COM, USB oder LPT zu und geben Sie ein typisches Gerät an, welches normalerweise über diese Schnittstelle mit dem Computer verbunden wird.

Schnittstelle	Abkürzung	Gerät
Parallel		
Seriell		
Universal Serial Bus		

Software

1 Was verstehen Sie unter einem „Bussystem" bei einem Computer?

_____

2 Aufgabe eines Computers ist es, Daten zu verarbeiten. Geben Sie Beispiele aus dem Apothekenalltag für die verschiedenen Datenarten.

Stammdaten: _____

Rechendaten: _____

Ordnungsdaten: _____

Bewegungsdaten: _____

3 Was ist eine Datei?

_____
_____

4 Dateinamenerweiterungen spielen in der EDV eine wichtige Rolle. Welche Aussagen halten Sie in diesem Zusammenhang für richtig?

☐ Eine Word-Datei erkennt man an der Dateinamenerweiterung „*.wrd"
☐ Excel-Dateien besitzen die Dateinamenerweiterung „*.xls"
☐ Eine Access-Datenbank erkennt man an der Dateinamenerweiterung „*.mdb"
☐ Dateinamenerweiterungen darf man sich in der Regel selbst ausdenken
☐ Dateinamenerweiterungen wie „*.exe" und „*.com" weisen auf Programme hin

5 In der unteren Tabelle sehen Sie ein Kontextmenü von Word abgebildet, welches Sie mit der rechten Maustaste aufrufen können. Was verbirgt sich hinter den Begriffen Synonyme, Kopieren und Hyperlink?

	Synonyme	Kopieren	Hyperlink
Ausschneiden, Kopieren, Einfügen, Zeichen..., Absatz..., Nummerierung und A, Hyperlink..., Nachschlagen..., Synonyme, Übersetzen, Text mit ähnlicher Fc			

6 Ordnen Sie den Befehlen auf der linken Seite die Bedeutung der rechten Seite zu.

☐ JPG, TIF, EPS   A Textteil, der zusammen gehört

☐ SSD-Laufwerk   B Verlinkung eines Wortes mit Internetseite

☐ Absatz   C Erhält man mit der rechten Maustaste

☐ Moodle   D Aufbewahrungsort für Dateien

☐ Ordner   E Festplatte, ähnlich eines USB-Sticks

☐ Hyperlink   F Grafikformate für Bilder

☐ Kontextmenü   G eLearning-Programm im Internet

7 Welche Dateierweiterungen benutzen Programme. Kreuzen Sie die richtigen Erweiterungen an.

☐ hlp ☐ pcx ☐ tif ☐ com ☐ doc ☐ exe ☐ win

8 Nennen Sie ein derzeit weit verbreitetes Textverarbeitungsprogramm.

_____

9 Moderne Textverarbeitungsprogramme arbeiten nach dem WYSIWYG-Prinzip. Was bedeutet dies?

_____

_____

10 Erklären Sie die aufgeführten Begriffe:

Makro: _____

_____

Thesaurus: _____

Serienbrief-
funktion: _____

_____

Layout: _____

Textbaustein: _____

_____

11 Kennzeichnen Sie mit einem farbigen Stift die Menüzeile des Programms „Rechner" aus WINDOWS.

12 Definieren Sie die Begriffe Datenschutz und Datensicherheit.

Datenschutz: _____

Datensicherheit: _____

13 Welche Geräte können zur Datensicherung genutzt werden?

- ☐ DVD-ROM
- ☐ Scanner
- ☐ Streamer
- ☐ SSD-Laufwerk
- ☐ Modem
- ☐ DVD-Brenner
- ☐ Wechselfestplatte
- ☐ USB-Stick

14 Wie können in der Apotheke Daten vor unbefugter Benutzung gesichert werden?

— _____
— _____
— _____

15 Sie wollen persönliche Daten eines Kunden in der Apotheke speichern. Welche Rechte hat der Kunde?

— _____
— _____
— _____
— _____

16 Sie legen in der Apotheke eine Kundendatenbank mit Anschrift und Geburtstagen von Stammkunden an. Sie wollen ihre Stammkunden mit einem kleinen Präsent zu deren Geburtstagen gratulieren. Was müssen Sie aus datenschutzrechtlichen Bestimmungen beachten?

— _____
— _____

Warenwirtschaft in der Apotheke

1 Nennen Sie die drei Voraussetzungen für den Einsatz eines Warenwirtschaftssystems.

— _____
— _____
— _____

2 Welche zwei verschiedenen Arten von Warenwirtschaftssystemen gibt es auf dem Markt und was bedeuten sie?

— _____
— _____

3 Stellen Sie einen Vergleich der beiden Warenwirtschaftssysteme POR und POS auf.

WW-System	Vorteile	Nachteile
POS		
POR		

4 Welche Möglichkeiten gibt es bei einem POS-System, um einen Abverkauf eines Artikels zu erfassen?

— _____
— _____

5 Erklären Sie in Stichworten die folgenden Begriffe der Warenwirtschaft:

Negativverkauf: _____

Defekt: _____

Renner-Penner-Liste: _____
_____
_____

Preisänderungsdienst: _____

Retoure: _____

6 Eine Warenlieferung vom Großhandel trifft in ihrer Apotheke ein. Beschreiben Sie die einzelnen Arbeitsschritte vom Ankommen der Lieferung bis zum Wegräumen in das Generalalphabet.

— _____
— _____
— _____
— _____
— _____
— _____
— _____
— _____
— _____
— _____

7 Sie erhalten eine Warenlieferung vom Großhandel, bei der Sie einige Fehler entdecken. Beschreiben Sie in Stichworten die möglichen Schritte zur Beseitigung der Fehler.

Fehler in der Sendung	Maßnahme
Ein Umkarton ist von außen beschädigt	
Ein falscher Artikel wurde geliefert	
Eine Flasche mit Lebertran ist ausgelaufen	
Ein Arzneimittel ist verfallen	
Die Kühlkette wurde bei der Lieferung unterbrochen	
Die gelieferte Basissalbe ist verdorben	
Die gelieferte Menge stimmt nicht mit der Bestellung überein	
Ein Arzneimittel wurde mit einem falschen Preis berechnet	
Der VK auf einem ABDA-Kärtchen stimmt nicht mit dem Rechnungs-VK überein	
Die Adresse auf der Rechnung stimmt nicht mit der Apothekenadresse überein	
Eine völlig verschmutzte Arzneimittelpackung wurde geliefert	
Eine Infusionslösung ist trübe	

Überprüfen Sie Ihr Wissen!

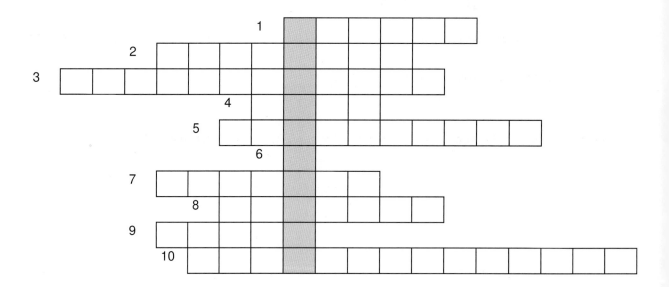

1 Kleiner, tragbarer Computer

2 Gerät zur Datensicherung

3 Besonders schneller Drucker mit sehr guter Druckqualität

4 Gibt dem Anwender Auskunft über die Möglichkeiten des Programms

5 Anderes Wort für Balkencode

6 Symbol für ein Minuszeichen

7 Ohne dieses Gerät wäre ein Computer sinnlos

8 Gerät zur Erfassung eines Balkencodes

9 Wichtiges Betriebssystem für Internet-Server

10 Sollte man öfter machen, um einem Datenverlust vorzubeugen

Preisbildung in der Apotheke

1 Für welche Geltungsbereiche ist die Arzneimittelpreisverordnung verbindlich?

_____

2 Ordnen Sie den Artikelgruppen die Grundlage der Preisberechnung zu:

☐ Verschreibungspflichtige Arzneimittel   [A] Preise sind frei kalkulierbar

☐ Apothekenpflichtige Arzneimittel im Handverkauf   [B] Arzneilieferverträge

☐ Freiverkäufliche Arzneimittel   [C] Kombimodell (EK + 3% + 8,10€ + MWSt.)

☐ Hilfsmittel und Krankenpflegeartikel auf Rezept

3 Woraus setzt sich der Apothekeneinkaufspreis für ein OTC-Präparat zusammen?

– _____

– _____

4 Wie errechnet sich der Apothekenverkaufspreis für ein verschreibungspflichtiges AM?

– _____

– _____

5 Berechnen Sie die Apothekenverkaufspreise für folgende verschreibungspflichtige Arzneimittel:*

Adalat 5 100 Stück N3   - EK: 4,52 €   - Verkaufspreis: _____ €

Adalat 10 Kps 50 Stück N2   - EK: 4,37 €   - Verkaufspreis: _____ €

Euglucon N 120 Stück N2   - EK: 3,98 €   - Verkaufspreis: _____ €

Beloc ZOK mite 30 Stück   - EK: 3,64 €   - Verkaufspreis: _____ €

*Stand: 06.12.2009

6 Vervollständigen Sie die folgende Tabelle zur Preisbildung von Stoffen und Rezepturarzneimitteln.

Abgabe von unbearbeiteten Stoffen	Abgabe von Rezepturarzneimitteln
—	—
—	—
	—
—	—

7 In welcher Liste können Sie Einkaufspreise der gängigen Arzneistoffe und Abgabegefäße nachschlagen?

_____

8 Berechnen Sie die aktuellen Preise mit den Angaben aus der Hilfstaxe für die Abgabe von:

Rezeptur / Droge	EK-Preise Hilfstaxe*	Berechneter Endpreis
Herba Millefolii, 300g	500g = 4,09 € Bodenbeutel = 0,09 €	
Pasta Zinci, 150g	250g = 4,29 € Drehdosierkruke 200g = 1,18 €	
Flores Sambuci, 200g	250g = 5,06 € Bodenbeutel = 0,10 €	
Acid. salicyl. 4,0 Vaselinum album ad 200,0	100g = 4,52 € 1000g = 6,03 € Drehdosierkruke 200g = 1,18 €	
Fol. Uvae ursi conc. 100,0 Fruct. Anisi contus. 10,0 Cort. Salicis 25,0 Herba Equiseti conc. 50,0	1000g = 12,27 € 100g = 1,48 € 250g = 2,56 € 500g = 4,09 € Bodenbeutel = 0,19 €	

* Preise der Hilfstaxe 1.1.2004

9 Nicht verschreibungspflichtige Arzneimittel sind frei kalkulierbar. Wie errechnet sich der Preis bei Abgabe auf ein Kassenrezept?

_____

_____

10 Welche Packungsgröße ist im Zweifelsfall durch die Apotheke abzugeben?

_____

11 Wie hoch sind die Rezepturzuschläge für die folgenden Tätigkeiten:

- Anfertigung von 10 Suppositorien € _____
- Herstellen von 100g Salbe aus drei Grundstoffen € _____
- Herstellen von 10 Kapseln € _____
- Herstellen von 100g einer Emulsion € _____
- Herstellen von 30 Tabletten € _____
- Herstellen von 200g eines gemischten Tees € _____

Für jede über die Grundmenge hinaus gehende kleinere bis gleich große Menge erhöht sich der Rezepturzuschlag um jeweils _____ von Hundert.

12 Eine PTA verdient ca. 1500 € brutto in einer Apotheke bei einer Arbeitszeit von 20 Tagen à 8 Stunden pro Monat. Sie stellt 50 Kapseln einer Vitaminmischung auf Rezept für eine Kundin her und benötigt dafür 20 Minuten. Berechnen Sie den reellen Preis für die Arbeitsleistung der PTA. Stellen Sie diesem Preis den gültigen Rezepturzuschlag gegenüber. Zu welcher Schlussfolgerung kommen Sie?

_____
_____
_____
_____

13 Apotheker Schlaufuchs erlässt seinen Kunden bei Rezepturen den Rezepturzuschlag und den Preis für das Rezepturgefäß. Beurteilen Sie das Verhalten!

_____
_____
_____

14 Wie hoch können die Gebühren sein bei...

- ...Inanspruchnahme der Apothekendienstleistung um Mitternacht: € _____
  (bei Kassenpatienten - ohne Ersatzkassen)
- ...Abgabe von Betäubungsmitteln (deren Verbleib nachgewiesen werden muss): € _____
  (bei Kassenpatienten - ohne Ersatzkassen)

15 Sie verkaufen in der Apotheke eine Kosmetik-Creme mit einem EK von 10,50 € und einem frei kalkulierten Aufschlag von 75%. Wie hoch ist der Abgabepreis?

_____

16 Sie verkaufen einen Kosmetikartikel mit einem Verkaufspreis von 25,30 € und gewähren dem Kunden einen Rabatt von 10%. Wie viel muss der Kunde zahlen?

_____

17 Sie haben in der Apotheke einen OTC-Artikel im Sortiment mit einem Verkaufspreis (incl. 19% MWSt) von 19,62 €. Im Einkauf kostete der Artikel 10,99 €. Wie hoch ist der Aufschlag in %?

_____

Rezeptabrechnung

1 Welche gesetzlichen Formvorschriften muss eine Verschreibung erfüllen?

— _____

— _____

— _____

— _____

— _____

2 Auf einem Kassenrezept finden Sie einige Abkürzungen und Ziffern. Kennen Sie sich aus?

AOK bedeutet _____

LKK bedeutet _____

VdAK bedeutet _____

Rp. bedeutet _____

Status 1 bedeutet _____

Status 5 bedeutet _____

3 Warum sind Kassenrezepte rosa eingefärbt? Welche Aussage(n) halten Sie für richtig?

☐ Weil rosa Rezepte vertrauenswürdiger aussehen.

☐ Weil rosa Rezepte den Kunden besser gefallen.

☐ Rosa Rezepte lassen sich schwerer fälschen.

☐ Man kann die Kassenrezepte dadurch besser von Privatrezepten unterscheiden.

☐ Rosa Rezepte lassen sich besser von Handscannern lesen, da sie mit rotem Licht arbeiten.

4 Ordnen Sie die aufgezählten Krankenkassen in die Tabelle ein:

AOK, Bremer, IKK, Knappschaft, Freie Heilfürsorge der Polizei, HEK, Neptun, DAK, HaMü, KKH, TK, Buchdrucker, BEK, Eintracht, Postbeamtenkrankenkasse A, BKK, Gärtner, HZK, Amt für Zivilschutz, LKK, Braunschweiger, SGEK, Bundeswehr, Bundesgrenzschutz, Freie Arzt- und Medizinerkasse.

Primärkassen	Sekundärkassen		Sonstige Kostenträger
	VdAK	AEV	

5 Was ist ein ARZ?

_____

_____

_____

_____

102

Knoellinger/Berger – Preisbildung, Rezeptabrechnung, Rechnungsstellung

Eckert-Lill/Gebler – Warenwirtschaft

Überprüfen Sie Ihr Wissen!

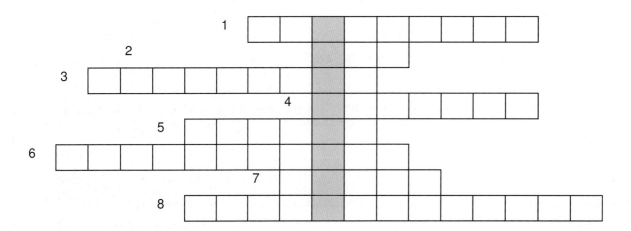

1 Gesetzlich geregelte Dienstbereitschaft einer Apotheke – nachts, am Wochenende oder Feiertag

2 Abkürzung für das Apothekenrechenzentrum

3 In diesem Buch findet man Preisangaben zu Rezepturgefäßen

4 Lateinische Abkürzung auf einem Rezept, die „dasselbe" bedeutet

5 Fachbegriff für einen Abschlag, den Apotheken den Krankenkassen gewähren

6 Fachbegriff für das Berechnen von Zuschlägen und Preisen

7 Lateinischer Begriff auf einem Rezept, der „nachts" bedeutet

8 Anderer Begriff für Ersatzkasse

Arzneimittel

1 In dem folgenden Lebenslauf finden sich einige Fehler. Markieren Sie diese mit einem Marker und nummerieren Sie die Fehler in der rechten Spalte durch.

Aus dem Leben eines Antacidums

Fehler

Ich darf mich kurz vorstellen. Mein Name ist Zantic und ich bin ein Antacidum. Geboren wurde ich in einer großen pharmazeutischen Firma. Meine Mutter war wasserfreies Magaldrat und mein Vater war ein Hilfsstoff. Noch bevor ich das Licht der Welt erblickte, traktierten mich allerlei seltsame Maschinen. Zu guter Letzt wurde ich auch noch so lange erhitzt, bis ich zerfloss, um dann in einer kalten Blisterpackung vor Schreck wieder zu erstarren.

Dafür erhielt ich aber die schönste Umverpackung, die man sich vorstellen konnte - sie trug meinen Namen und eine Menge von Abkürzungen, wie Reg.-Nr., Ch.-B., usw. Ich wusste zwar nicht, was diese Abkürzungen zu bedeuten haben, aber ein Antacidum hat ja andere Aufgaben.

Von der Herstellung ganz müde, schlief ich ein und wurde erst wieder wach, als eine Frau in einem sauberen, weißen Kittel mich an einen älteren Herr verkaufte. Ich nehme an, es war eine Apothekerin. Der Mann nahm mich mit nach Hause und legte mich auf den Tisch zu meinen anderen Tablettenkollegen. Ich grüßte die Digimerck-Dragees aus der Familie der Antiarrhythmika, die Aspirintabletten aus der adligen Familie der Opiate, die Valiumtabletten aus der Familie der Rhinologika. Plötzlich spürte ich einen seltsamen Druck von oben und eh ich mich versah, wurde ich rektal mit etwas Flüssigkeit appliziert. Da lag ich nun im Mund des Mannes und wartete gespannt darauf, verschluckt zu werden. Da ich mich alleine im Mund befand, nahm ich an, dass der Mann die Normdosis, man sagt auch letale Dosis, zu sich genommen hatte. Jetzt verschluckte er mich. Ich rutschte durch die Speiseröhre in den Magen. Oh Graus, hier war es fürchterlich dunkel und vor allen Dingen ätzend sauer. Dort traf ich weitere Kollegen. Eine magensaftresistente Diuretikatablette, die gerade am Zerfallen war, ein Antihypotonikum, das den Blutdruck senken sollte, ein Antipyretikum gegen Rheuma und ein altes Geriatrikum. Weil ich aber mit den anderen Medikamenten keine Kontraindikation eingehen wollte, beschränkte ich mich voll und ganz auf meinen eigenen Zerfall. Die ersten Schwefelsäuremoleküle des Magens griffen mich an - ich wehrte mich mit allen Magaldrat-Molekülen, die mir zur Verfügung standen, um die Säure zu neutralisieren. Am Anfang schaffte ich das auch ganz gut, aber dann versagten meine Kräfte und ich musste aufgeben. Aber ich will mich ja nicht beschweren, denn ich habe in meinem kurzen Leben viel gesehen und viele Tabletten-Kollegen kennen gelernt.

Korrigieren Sie jeden Fehler, indem Sie stichwortartig die Lösung angeben:

Wie lautet der richtige Name des Antacidums?   z.B. _____

_____
_____
_____
_____
_____
_____
_____
_____
_____
_____
_____
_____

2 Was verstehen Sie unter dem Begriff der Bioverfügbarkeit?

_____
_____

3 Ordnen Sie die Anwendungsarten von Arzneimitteln den deutschen Begriffen zu:

bukkal - in den Gehörgang - vaginal - unter die Zunge - otal - unter die Haut - oral - in den Mund - subkutan - in die Scheide - sublingual - in die Backentasche

_____   _____
_____   _____
_____   _____

4 Vergrößern Sie das Spiel auf der nächsten Seite auf einem Kopierer auf DIN-A3 Format. Die Spielkarten folgen auf der nächsten Seite. Die Spielanleitung finden Sie im Lösungsband.

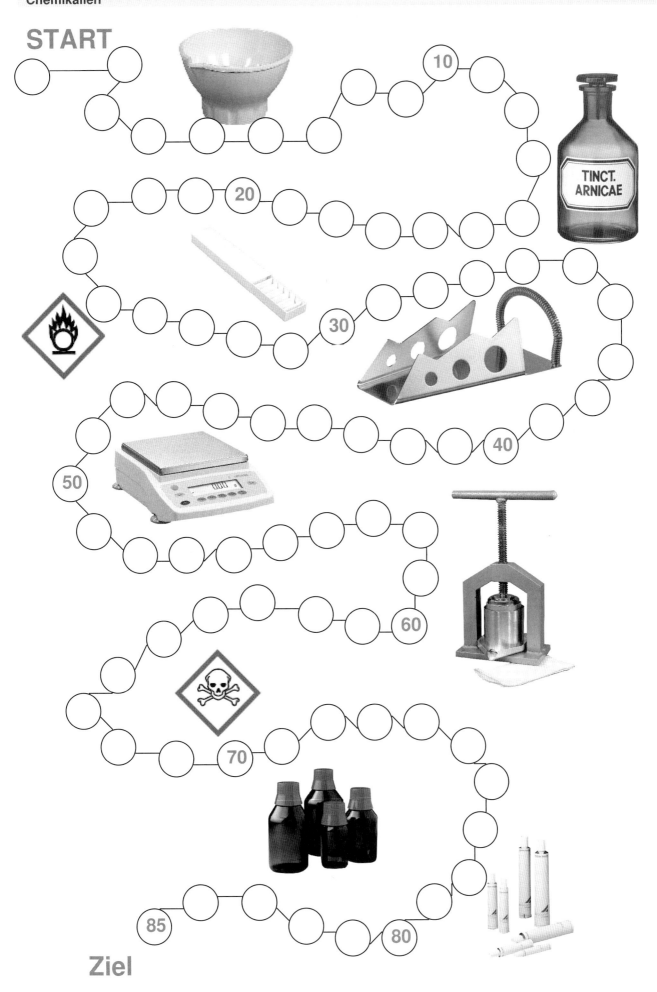

Kopieren Sie die folgenden Seiten, schneiden Sie die Kärtchen aus und kleben Sie das rechte Feld auf die Rückseite des linken Feldes. Sie erhalten dadurch die nötigen Spielkarten.

Adstringenzien	zusammenziehende AM
Amara	Bittermittel
Analgetika	Schmerzmittel
Antacida	Mittel zum Binden überschüssiger Magensäure
Anthelmintika	AM gegen Würmer
Antiallergika	AM gegen Allergien
Antiarrhythmika	AM gegen Rhythmusstörungen des Herzens
Antibiotika	AM gegen Bakterien
Antidiabetika	AM gegen Zuckerkrankheit
Antidiarrhoika	AM gegen Durchfall

Antidote	AM zur Behandlung von Vergiftungen
Antiemetika	AM gegen Übelkeit und Erbrechen
Antihistaminika	AM gegen Allergien
Antihypertonika	AM gegen hohen Blutdruck
Antihypotonika	AM gegen niedrigen Blutdruck
Antikoagulanzien	AM zur Gerinnungshemmung
Antikonvulsiva	Krampflösende AM des Epileptikers
Antimykotika	AM gegen Pilzerkrankungen
Antineuralgika	AM gegen Nervenschmerzen
Antiphlogistika	Entzündungshemmende AM
Antipyretika	Fiebersenkende AM

Antirheumatika	AM gegen Rheuma
Antiseptika	AM zur Abtötung von Krankheitserregern
Antitussiva	AM gegen Hustenreiz
Antivarikosa	Krampfadermittel
Antivertiginosa	AM gegen Schwindel
Aphrodisiaka	Sexualtonika
Balneotherapeutika	Bademittel
Betäubungsmittel	AM mit suchterzeugender Wirkung (Opiate)
Chemotherapeutika	AM gegen Infektionen und Krebs
Cholagoga	AM zur Förderung der Gallenentleerung
Depurativa	Blutreinigende Mittel

Dermatika	AM gegen Hauterkrankungen
Diuretika	AM zur Förderung der Harnausscheidung
Emetika	AM zur Auslösung von Erbrechen
Expektoranzien	AM zur Verflüssigung von Schleim in den Atemwegen
Fibrinolytika	AM zum Auflösen von Blutgerinnseln
Geriatrika	AM gegen vorzeitige Alterserscheinungen
Grippemittel	AM gegen Grippe
Gynäkologika	AM der Frauenheilkunde
Hämostyptika	AM zur Blutstillung
Hormone	Zur Steuerung zahlreicher Vorgänge im Körper
Hypnotika	Schlafmittel

Immunstimulanzien	AM zur Steigerung der Immunabwehr
Immunsuppressiva	AM zur Dämpfung des Immunsystems
Impfstoffe	AM zur Bildung von Antikörpern
Kardiaka	Herzmittel
Karminativa	Blähungstreibende AM
Kontrazeptiva	AM zur Empfängnisverhütung
Laxanzien	Abführmittel
Lokalanästhetika	AM zur örtlichen Schmerzbetäubung
Mineralstoffe	Wichtig für den Aufbau des Körpers (Na, Mg, Ca)
Narkotika	Betäubend und schmerzstillend wirkende AM
Ophthalmika	AM der Augenheilkunde

Otologika	AM gegen Erkrankungen des Ohres
Psychopharmaka	AM zur Beseitigung von krankhafter Unruhe und Furcht
Rhinologika	AM zur Behandlung von Erkrankungen der Nase
Roboranzien	Aufbaumittel
Sedativa	Beruhigungsmittel
Sera	AM die fertige Antikörper enthalten
Spasmolytika	Krampflösende AM
Spurenelemente	Kupfer, Zink, Fluor, Iod
Urologika	AM zur Behandlung des Urogenitaltraktes
Vitamine	Lebensnotwendige Substanzen (A,D,E,C...)
Zytostatika	AM gegen Krebs

5 Ein Antitussivum wirkt

☐ schleimlösend

☐ abführend

☐ hustenreizstillend

☐ entwässernd

☐ beruhigend

6 Welches der aufgeführten Mittel wirkt krampflösend <K> und welches beruhigend <B>?

☐ Sedativum ☐ Expektorans

☐ Laxans ☐ Roborans

☐ Diuretikum ☐ Spasmolytikum

7 Welche Wirkungen besitzt Acetylsalicylsäure (z.B. Aspirin®)?

☐ schleimlösende Wirkung

☐ abführende Wirkung

☐ beruhigende Wirkung

☐ analgetische Wirkung

☐ entwässernde Wirkung

8 Was ist ein Placebo? Welchen Satz oder welche Sätze halten Sie für richtig?

☐ Placebos sind Arzneimittel mit besonders intensiver Wirkung

☐ Placebo heißt lateinisch „ich werde gefallen"

☐ Placebos sind Scheinmedikamente ohne Wirkstoff. Sie gleichen in Aussehen und Geschmack den Originalpräparaten

☐ Placebo ist eine Rezepturanweisung für den Apotheker

☐ Placebos zählen zur Gruppe der Geriatrika

9 Welche Kombination ist für das Medikament Aspirin zutreffend?

☐ Antipyretikum - Antitussivum - Antacidum

☐ Antiphlogistikum - Antimykotikum - Antiallergikum

☐ Analgetikum - Antipyretikum - Antiphlogistikum

☐ Urologikum - Serum - Laxans

☐ Antiallergikum - Analgetikum - Antidiabetikum

10 Auf welche Arzneimittelgruppen deuten die Silben hin? Suchen Sie zu jeder Silbe ein bekanntes Fertigarzneimittel aus der Roten Liste!

Silbe	Arzneimittelgruppe	Fertigarzneimittel
card oder cor	Kardiaka	Diacard
hepa		
dent oder dont		
seda		
spasmo		
tuss		
veno		
dolor		
ophtho		
oto oder ota		
lax		
meno		
gastro		
myko oder myco		
bronch		
dorm		
vertigo		
ulco		
pulm oder pulmo		
rheumo		

Homöopathie, Biochemie nach Schüßler, Anthroposophie, Kneipp

1 Wer war der Begründer der Homöopathie?

☐ Emil Behring

☐ Samuel Hahnemann

☐ Rudolf Steiner

☐ Heinrich Schüßler

☐ Wilhelm Scheele

2 Wer ist der Begründer der Anthroposophie?

_____

3 Was verstehen Sie unter „Allopathie" und welches Heilprinzip liegt ihr zugrunde?

_____

_____

4 Nennen Sie zwei besondere Herstellungsverfahren der Anthroposophie.

_____

5 Was verstehen Sie unter...

...Oligoplex: _____

...Similiaplex: _____

...Pentarkan: _____

6 Pfarrer Sebastian Kneipp ist auch heute noch sehr bekannt. Welche Art von Therapie hat er erfunden?

_____

_____

7 Was versteht der Apotheker unter dem Begriff „Potenzieren"?

_____

8 Füllen Sie die Lücken:

D1	- Verdünnung	_____	D2	- Verdünnung	_____
C2	- Verdünnung	_____	C1	- Verdünnung	_____
___	- Verdünnung	1:50.000	D3	- Verdünnung	_____

9 Welche Verdünnungsmittel werden benutzt bei einer...

... Trituration (Verreibung): _____

... Dilution (Verdünnung): _____

10 Was ist eine Nosode?

☐ Ein Heilmittel, das aus Grassoden gewonnen wird

☐ Ein Heilmittel der Homöopathie, gewonnen aus Krankheitsprodukten, wie z.B. Eiter

☐ Ein Reinigungsmittel für homöopathische Verdünnungsgefäße

☐ Ein biochemisches Arzneimittel nach Schüßler

11 Erläutern Sie das Grundprinzip der Biochemie nach Schüßler.

_____
_____

12 Nennen Sie zwei Firmen, die anthroposophische Arzneimittel herstellen.

_____

13 Wenn in der Apotheke jemand nach TCM fragt, welches Arzneimittel sucht er dann?

_____

Drogenkunde

1 Vervollständigen Sie mit Hilfe des Buches die Tabelle zum Thema Pflanzeninhaltsstoffe.

Inhaltsstoff	Merkmal	Verwendung	Beispieldroge
Ätherische Öle	Besitzen starken Geruch, sind leicht flüchtig und hinterlassen auf Papier <u>keinen</u> Fleck.	- Duftstoff - Geschmacksstoff - bei Blähungen - bei Magenleiden	- Kamillenblüten - Kümmelfrüchte - Pfefferminzblätter
Alkaloide			
Bitterstoffe			
Fette Öle			
Gerbstoffe	.		
Glykoside			

Saponine			
Schleimstoffe			

2 Was ist „Pharmakognosie"?

_____

3 Tragen Sie zu den Pflanzenteilen die deutsche und lateinische Bezeichnung ein.

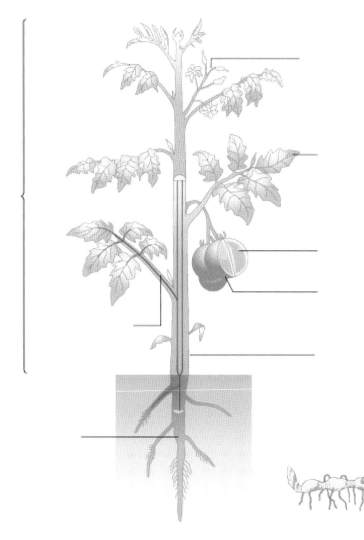

4 Um welchen Zerkleinerungsgrad von Drogen handelt es sich bei den Abbildungen?
Geben Sie auch den lateinischen Fachbegriff sowie die gebräuchlichen Abkürzungen an.

5 Welche Aufgaben haben die aufgeführten Pflanzenteile?

Wurzel: _____

Rhizom: _____

Blatt: _____

Blüte: _____

Frucht: _____

Samen: _____

Rinde: _____

6 Welche Droge bei welcher Erkrankung? Suchen Sie aus dem Buch Drogen (deutscher und lateinischer Name), die eingesetzt werden können ...

... bei Magen-Darm-Erkrankungen:

— _____

— _____

— _____

... bei Husten und Erkältung:

— _____

— _____

— _____

... als Abführmittel:

—
—
—

... bei Entzündungen oder zur Wundheilung:

—
—
—

... als harntreibendes Mittel oder bei Blasenleiden:

—
—
—

... bei Herzschwäche, Herzkrankheiten:

—
—
—

... bei Appetitlosigkeit

—
—
—

... bei Leber- und Gallenleiden

—
—
—

Chemikalienkunde

1 Vervollständigen Sie die folgende Systematik mit den Begriffen: Molekül, Atom, Element, Verbindung, Synthese, Analyse, homogen, heterogen, Gemisch, Reinstoff.
Definieren Sie die Begriffe Analyse und Synthese.

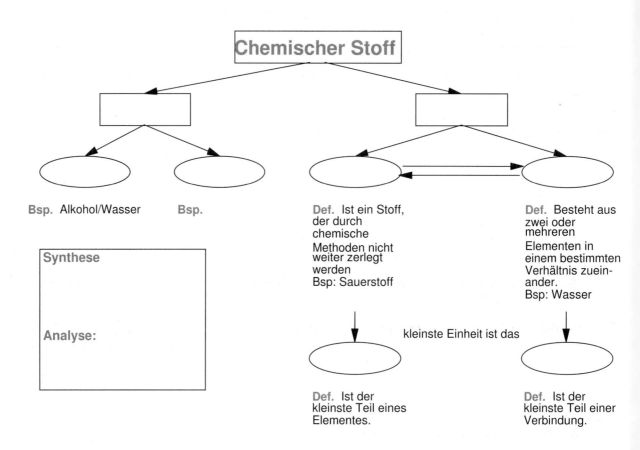

2 Stellen Sie in der Tabelle die Eigenschaften von Säuren und Laugen gegenüber. Nennen Sie Beispiele!

Säuren	Laugen
•	•
•	•
•	•
	•
Beispiele für Säuren	**Beispiele für Laugen**

3 Beschreiben Sie den Aufbau eines Atoms.

_____
_____
_____
_____
_____

4 In welche drei großen Gruppen kann man das Periodensystem einteilen?

— _____
— _____
— _____

5 Eine Kundin kommt in die Apotheke und verlangt ein Höllensteinstift. Wozu dient dieser Stift und welche Chemikalie ist enthalten?

_____
_____

6 Bei welcher Beschwerde kann Glaubersalz eingesetzt werden?

☐ Durchfall ☐ Fieber ☐ Muskelverspannung

☐ Verstopfung ☐ Übelkeit ☐ Entzündungen

7 Wozu kann man medizinische Kohle verwenden?

☐ Als Backmittel

☐ Als Hilfsstoff bei der Tablettenherstellung

☐ Als Adsorbens bei Durchfallerkrankungen

☐ Als Heilmittel bei Warzenerkrankungen

8 Welche der aufgeführten Chemikalien lassen sich als Abführmittel nutzen?

- ☐ Bolus alba
- ☐ Ethacridinlactat
- ☐ Lactosum
- ☐ Zinci sulfas
- ☐ Natrii sulfas decahydricus

9 Sie wollen in der Apotheke einen Kuchen backen, haben aber keine Hefe und kein Backpulver mehr im Haus. Welche Chemikalien könnten Sie als Treibmittel zum Backen nutzen?

_____

_____

10 Welcher Stoff ist in Salmiakpastillen als Wirkstoff enthalten?

_____

11 Welche Substanz wurde früher zu Narkosezwecken genutzt?

_____

12 Welcher Wirkstoff ist in Iodtabletten zur Verhütung des Iodmangelkropfs enthalten?

_____

13 Geben Sie die deutschen bzw. lateinischen Bezeichnungen der Chemikalien an.

Isopropanol: _____

Unguentum leniens: _____

Salzsäure: _____

Hydrogenii peroxidum: _____

Überprüfen Sie Ihr Wissen!

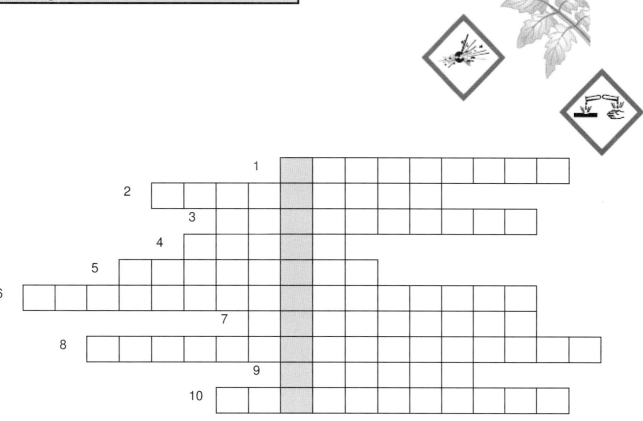

1 Organische Verbindungen, die im Molekül gebundenen Zucker enthalten

2 Mittel zur Förderung der Harnausscheidung

3 Mittel gegen vorzeitige Alterserscheinungen

4 Lateinische Bezeichnung für Kraut

5 Zerkleinerungsgrad „geschnitten"

6 Aus dieser Droge werden viele verschreibungspflichtige Herzmedikamente hergestellt

7 Tierische gute Salbengrundlage

8 Fachbegriff für das Maß, mit der ein Wirkstoff in die Blutbahn geht

9 Dient dem Samen als Schutz bis zur Reife

10 Ein chemisches Element, welches in Zahnfüllungen (Amalgam) enthalten ist

Pflanzenschutz und Schädlingsbekämpfung

1 Nennen Sie sieben Schädlingsgruppen, die im Pflanzenschutz eine wichtige Rolle spielen.

— _____
— _____
— _____
— _____
— _____
— _____
— _____

2 Ordnen Sie den Schadbildern der linken Seite die richtigen Krankheitserreger zu.

☐ Wurzelschäden bei Topfpflanzen		1	Viren
☐ Schleimspuren mit Lochfraß		2	Bakterien
☐ Schimmelige, weiche Früchte		3	Pilze
☐ Raupenfraß		4	Insekten
☐ Braune Flecken an Tomaten		5	Fadenwürmer
☐ Kartoffelschorf		6	Schnecken

3 Was verstehen Sie unter der „Resistenz" in Verbindung mit dem Pflanzenschutz?

☐ Besonders hohe Wirksamkeit eines Giftes

☐ Hohe Haftfähigkeit eines Giftes auf der Pflanzenoberfläche

☐ Die Widerstandsfähigkeit einer Pflanze gegenüber Schädlingen

☐ Die Empfindlichkeit von Schädlingen gegenüber Pflanzenschutzmitteln

☐ Eine andere Bezeichnung für Fraßgift

4 Manche Pflanzenschutzmittel besitzen eine „systemische" Wirkung. Was bedeutet dies?

☐ Die Pflanzenschutzmittel wirken besonders schnell

☐ Das Pflanzenschutzmittel wird über den Saftstrom der Pflanze verteilt

☐ Die Schadinsekten nehmen das Pflanzenschutzmittel ins Körpersystem auf

☐ Das Pflanzenschutzmittel wirkt auf das Nervensystem von Insekten

☐ Das Pflanzenschutzmittel führt zu einem „Totwachsen" der Pflanze

5 Was verstehen Sie unter der „selektiven" Wirkung eines Pflanzenschutzmittels?

_____

_____

6 Welche Zielorganismen werden durch die folgenden Pestizide geschädigt?

Rodentizide	schädigen	_____
Insektizide	schädigen	_____
Akarizide	schädigen	_____
Fungizide	schädigen	_____
Ovizide	schädigen	_____
Molluskizide	schädigen	_____
Larvizide	schädigen	_____
Herbizide	schädigen	_____
Nematizide	schädigen	_____

7 Was verstehen Sie unter integriertem Pflanzenschutz? Formulieren Sie mit eigenen Worten einen Merksatz.

_____

_____

126

Knoellinger/Berger – Pflanzenschutz und Schädlingsbekämpfung

Eckert-Lill/Gebler – Apothekenübliche Waren

Überprüfen Sie Ihr Wissen!

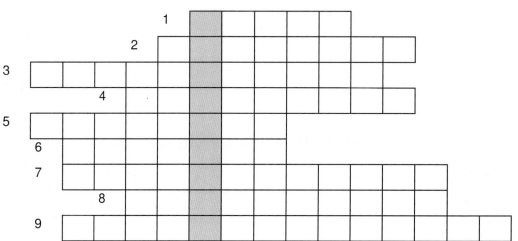

1 Findet man oft als Pizzabelag

2 Vernichtet Unkraut

3 Ein Wirkstoff gegen Nacktschnecken

4 Diese Gruppe von Lebewesen sollte nicht durch Pflanzenschutzmittel geschädigt werden

5 Gift, das durch Fressen in den Schädlingskörper gelangt

6 Ein Pyrethrine-haltiges Mittel

7 Ein oberflächenaktiver Stoff, der Mittel der Wahl in Kleingarten und Haus ist

8 Kann gegen Wanderratten eingesetzt werden

9 Stadtbewohner besitzen ihn oft und haben viel Arbeit und Freude daran

Verbandmittel

1 Welche drei Faserarten finden bei der Verbandstoffherstellung Verwendung?

— _____

— _____

— _____

2 Was verstehen Sie unter einem Gewebe?

_____

3 Nennen Sie zwei Beispiel für Gewebe und zwei Beispiele für Gewirke.

Gewebe — _____ Gewirke — _____

— _____ — _____

4 Definieren Sie den Begriff „Fadenzahl".

_____

5 Um welche Fadenzahlen handelt es sich in der Abbildung?

_____ _____ _____ — fädig

6 Ordnen Sie den gebräuchlichen Faserarten die Eigenschaften hydrophob und hydrophil zu.

Synthetische Fasern — _____

Baumwollfasern — _____

7 Welche Aussagen zum Thema Vliesstoffe halten Sie für richtig?

☐ Vliesstoffe sind gewebte textile Gebilde aus synthetischen Fasern

☐ Vliesstoffe sind nichtgewebte textile Gebilde

☐ Vliesstoffprodukte sind eine Sonderform der Gewirke

☐ Ein Beispiel für einen mit Aluminium bedampften Vliesstoff sind Metalline Kompressen

8 In welche drei großen Gruppen kann man Watten einteilen?

— _____

— _____

— _____

9 Was ist eine Claudenwatte?

_____

Wundversorgung, Fixiermittel und Binden

1 Was verstehen Sie unter Kompressen?

☐ Produkte, die in quadratischer oder rechteckiger Form vorgestanzt oder geprägt werden

☐ Quadratische oder rechteckige Wundauflagen

☐ Wundauflagen mit klebenden Rändern

☐ Watteerzeugnisse zur Anwendung bei Inkontinenz

2 Geben Sie ein Beispiel für eine Salbenkompresse. Wie setzt sich diese zusammen?

_____

_____

_____

3 Nennen Sie ein Beispiel für eine Salbenkompresse, die einen Wirkstoff enthält.

_____

4 Beschreiben Sie den Unterschied zwischen einem normalen Wundschnellverband und einem Strip.

_____
_____
_____

5 Welche beiden Klebemassen kommen bei Wundschnellverbänden zur Anwendung?

— _____
— _____

6 Welche Vorteile bzw. Nachteile haben diese beiden Klebemassen?

Zinkoxid-Kautschuk-Klebemasse: _____
_____

Polyacrylat-Klebemasse: _____
_____

7 Beschreiben Sie den Unterschied zwischen einem Finger- und einem Fingerkuppenverband.

_____
_____
_____
_____

8 Auf dem Markt gibt es Arzneimittel mit dem Zusatz „TTS" im Namen, so z.B. Estraderm TTS. Was bedeutet TTS und wie funktioniert diese Arzneiform?

_____

_____

_____

9 Was sagen die folgenden Bezeichnungen aus?

20 dtex — _____

24-fädiger Mull — _____

10 Welche drei Verbandarten zählen zu den Schlauchverbänden?

— _____

— _____

— _____

11 Welche zwei Handelsformen von Idealbinden kennen Sie?

— _____

— _____

12 Binden mit materialelastischen Fäden unterscheidet man nach der Dehnbarkeit. Wie hoch ist die Dehnbarkeit bei...

... Kurzzugbinden: _____

... Mittelzugbinden: _____

... Langzugbinden: _____

13 Geben Sie zu jeder Bindenart ein Handelsbeispiel:

Kurzzugbinden: _____   Langzugbinden: _____

Mittelzugbinden: _____

14 Es gibt zwei Arten von Dauerbinden der Firma Lohmann. Dauerbinde F und Dauerbinde K. Worin liegt der Unterschied?

15 Ein Patient verlangt eine Varicex F-Binde. Was ist dies?

16 Welche zwei grundlegenden Arten von Steifverbänden gibt es? Nennen Sie je ein Handelsbeispiel.

—

—

17 Beschreiben Sie den Abbindevorgang einer Gipsbinde.

18 Was verstehen Sie unter der Abbindezeit einer Gipsbinde?

19 Worin liegt der Unterschied zwischen einer Longette und einer Breitlongette?

Überprüfen Sie Ihr Wissen!

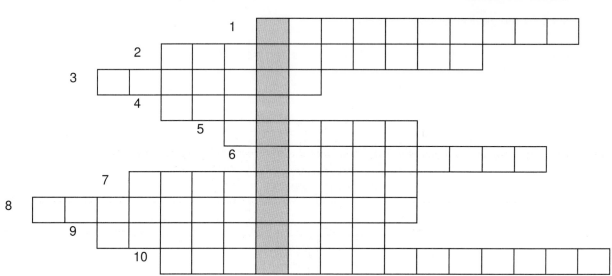

1 Auf dieses Auge kleben sich viele Menschen freiwillig ein Pflaster

2 Elastische Binde

3 Handelsbeispiel für eine Gipsbinde

4 Anderer Begriff für Saugwindeln

5 Kugel- oder kegelförmiger Wattebausch mit Mull- oder Netzschlauchumhüllung

6 Handelsbeispiel für einen Vorgestanzten Zellstoff-Tupfer

7 Aluminium bedampfter Vliesstoff

8 Pflaster zur Feststellung möglicher Allergien

9 Bekanntes Handelsbeispiel für ein Kunstseide/Acetatseide-Heftpflaster

10 Verbandstoff mit einer Dehnbarkeit von 100-150%

Artikel zur Temperaturbestimmung

1 Welche drei Arten von Thermometern führt die Apotheke?

— _____

— _____

— _____

2 Welche Arten der Fiebermessung kennen Sie?

— _____   — _____

— _____   — _____

3 Wodurch unterscheidet sich ein Frauenthermometer von einem Fieberthermometer?

_____

_____

4 Welche Füllung wird in der Regel bei Badethermometern benutzt? Begründen Sie kurz!

_____

_____

_____

Hilfsmittel zum Sammeln von Ausscheidungen

1 Was ist ein Stechbecken?

☐ Ein Becken, welches durch Stechen eines Lochs entleert werden kann

☐ Ein Becken zur Aufnahme von Stuhl bettlägeriger Patienten

☐ Eine besondere Art von Waschbecken zum Säubern von Bettpfannen

2 Was verstehen Sie unter dem Begriff Inkontinenz?

3 In welcher Größe gibt man die Katheterstärke an?

4 Wodurch unterscheidet sich ein Frauenkatheter von einem Männerkatheter?

5 Was ist ein Ileostoma und was ein Colostoma?

6 Welcher grundlegende Unterschied besteht in der Regel zwischen einem Colostomie- und einem Ileostomiebeutel?

7 Ein Kunde verlangt ein Irrigationsset. Was ist das?

8 Ein Stomapatient geht gerne Schwimmen. Welches Hilfsmittel kann er benutzen?

Hilfsmittel für Instillationen und Spülungen, Inhalationsgeräte

1 Um welche Hilfsmittel handelt es sich bei den folgenden Abbildungen?

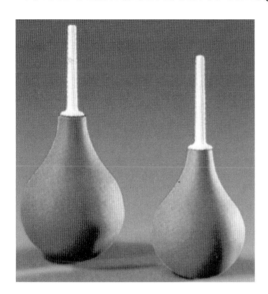

_____

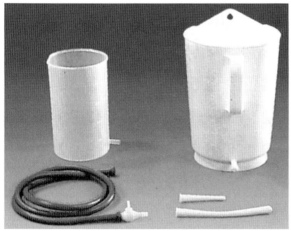

_____

2 Eine Kundin kommt mit einem unleserlichen Rezept in die Apotheke. Ihr Chef und Sie entziffern den Namen „Mikroklist". Was ist ein „Mikroklist"?

_____

_____

Hilfsmittel zur parenteralen Anwendung von Arzneimitteln

1 Beschreiben Sie die Unterschiede zwischen einer Tuberkulin- und einer Insulinspritze.

Tuberkulinspritze: _____

Insulinspritze: _____

2 Was ist ein Insulinpen?

_____
_____
_____
_____

3 Der Insulinpen eines Diabetikers ist defekt. Darf er mit einer U-40-Spritze das Pen-Insulin aufziehen? Begründen Sie kurz!

_____

4 Welche beiden Maßsysteme gibt es für Kanülen?

_____
_____

5 Worin liegt der Unterschied zwischen einem Infusionsgerät und einem Transfusionsgerät?

_____
_____
_____

Hilfsmittel zum Schutz und Halt von Körperteilen

1 Um welche Hilfsmittel handelt es sich bei den folgenden Abbildungen?

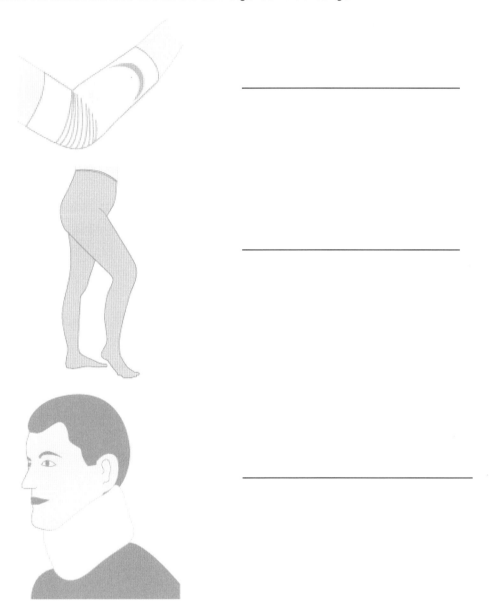

2 Ein Sportler verlangt in der Apotheke ein Suspensorium. Welchen Aussagen stimmen Sie zu?

☐ Ein Suspensorium wird bei Leistenbrüchen angewandt

☐ Ein Suspensorium ist eine Art Trageverband für den Hodensack

☐ Ein Suspensorium ist eine Pulsmessuhr zur Kontrolle der Herzfrequenz

3 Bei welchen Erkrankungen werden Kompressionsstrumpfhosen angewendet?

_____

4 Beschreiben Sie den Druckverlauf einer Kompressionsstrumpfhose.

_____

_____

_____

Hilfsmittel für die Frauenheilkunde und Säuglingspflege

1 Was sind „Pessare"?

_____

_____

2 Worauf sollte beim Kauf einer Säuglingswaage speziell geachtet werden?

_____

_____

3 Eine Kundin verlangt ein "Eisbeißerle". Was ist das?

_____

_____

_____

4 Viele Frauen benutzen heutzutage eine Spirale. Was aber ist eine Spirale?

_____

_____

Mittel für die Erste Hilfe, Blutdruckmessgeräte, Einnehmehilfen

1 Woran erkennen Sie eine aseptische Schere?

2 Warum kann man mit einer Verbandschere (Cooperschere, Listerschere) Verband zerschneiden, ohne Patienten zu verletzen?

3 Welche Arten von Handschuhen werden in der Apotheke verkauft?

4 Definieren Sie die Begriffe:

Systolischer Druck:

Diastolischer Druck:

5 Für welche Patienten ist eine Schnabeltasse sinnvoll?

6 Welchen Aussagen zum Thema Einnehmehilfen stimmen Sie uneingeschränkt zu?

☐ Ein Einnehmeglas dient zum Dosieren von Streukügelchen

☐ Ein Trinkbecher besitzt eine Maßeinteilung für Flüssigkeiten

☐ Ein Trinkbecher dient dem gleichen Zweck wie eine Schnabeltasse

Überprüfen Sie Ihr Wissen!

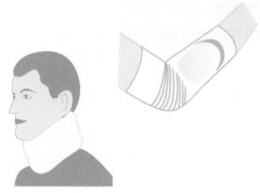

1 Mit diesem Rohr lassen sich Einläufe einbringen oder Darmgase abführen

2 Mit diesem Gerät lassen sich Splitter entfernen

3 Körpertemperaturmessung im Ohr

4 Dusche für besondere Zwecken

5 Es gibt sie in 20cm und 40cm Länge und die Größe wird in Ch angegeben

6 Ein ring-, schalen- oder würfelförmiger Körper, der in der Frauenheilkunde benutzt wird

7 Sieht aus wie ein Füllfederhalter, nur schreiben kann man damit nicht

8 Wird oft bei Bauchschmerzen angewendet

9 Dient zur parenteralen Applikation von Arzneimitteln

10 Künstlicher Dünndarmausgang

Der Aufbau der Haut

1 Die Haut ist eine schützende Hülle des Körpers gegen verschiedene chemische, bakterielle und physikalische Einflüsse aus der Umwelt. Welcher Teil der Haut übt diese Funktionen aus?

_____

2 Die Haut besitzt außer den Schutzfunktionen noch weitere Aufgaben. Welche?

— _____

— _____

— _____

3 Beschriften Sie mit Hilfe des Buches die einzelnen Bestandteile der Haut:

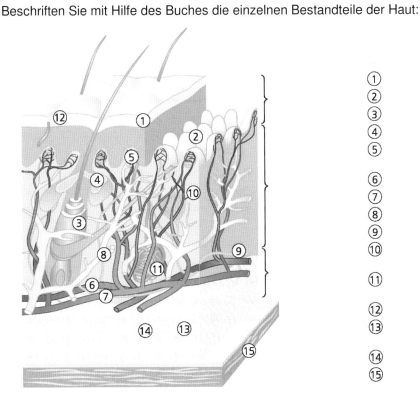

① _____
② _____
③ _____
④ _____
⑤ _____
⑥ _____
⑦ _____
⑧ _____
⑨ _____
⑩ _____
⑪ _____
⑫ _____
⑬ _____
⑭ _____
⑮ _____

4 Zeichnen Sie in die Abbildung aus Aufgabe 3 die Hautbestandteile in den angegebenen Farben:

Haare	- braun		Schweißdrüse	- hellblau
Arterien	- rot		Talgdrüse	- hellbraun
Venen	- blau		Lamellenkörperchen	- grün
Hornschicht	- gelb		Tastkörperchen	- rosa

5 Mit welcher Hautschicht befasst sich die Kosmetik hauptsächlich?

_____

6 Welche Aufgaben haben die folgenden Hautanhangsgebilde?

Talgdrüsen — _____

Schweißdrüsen — _____

Haare — _____

7 Der Hydrolipidfilm, auch Säureschutzmantel genannt, besteht aus Absonderungen von Schweißdrüsen und Talgdrüsen. Nennen Sie die drei wichtigsten Bestandteile von Schweiß und Talg:

Schweißzusammensetzung	Talgzusammensetzung

8 Warum wird der Hydrolipidfilm auch „Säureschutzmantel" genannt?

_____

9 Welche Bedeutung hat das Wort Kosmetik im eigentlichen Sinne?

_____

_____

10 Bei den folgenden Aussagen haben sich einige Fehler eingeschlichen. Korrigieren Sie die falschen Aussagen, indem Sie diese durchstreichen und durch die richtigen Begriffe ersetzen.

A - Eine Patientin klagt über ihre übermäßige Talgproduktion, die sie Sebostase nennt. — _____

B - Eine verminderte Talgproduktion ist die Voraussetzung für eine Akne-Bildung. — _____

C - Die Folgen einer Seborrhoe sind trockene Haut und trockene Haare. — _____

11 Zähne sind ursprünglich Abkömmlinge der Haut. Sie können als Hautknochen bezeichnet werden und sitzen in Vertiefungen der Kiefer. Beschriften Sie den folgenden Aufbau eines Zahnes:

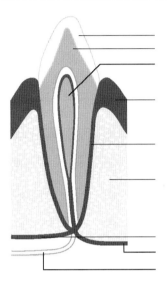

Hautpflege

1 Bestimmen Sie die Hauttypen:

A - Sehr kleine Poren, durchschimmernde Äderchen, Faltenbildung, Haut öfter gerötet — _____

B - Kräftige Haut, große Poren, Pickel — _____

C - In der Mittelpartie meist großporige Haut, gut durchblutet — _____

D - Feinporige Haut, gut durchblutet, keine Pickel und keine Faltenbildung — _____

Gesichtspflege

1 Das Reinigen der Haut ist genauso wichtig wie das Eincremen. Häufiges Waschen, besonders mit Seifen, führt zu einem Austrocknen der Haut und zum Zerstören des Säureschutzmantels.

A - Welche zwei weiteren Nachteile hat die Verwendung von Seifen bei der Hautreinigung?

— _____
— _____

B - Wie lassen sich diese Nachteile bei der Hautreinigung vermeiden?

_____
_____

2 Welchen der folgenden Aussagen zum Thema „Gesichtspflege" können Sie uneingeschränkt zustimmen?

☐ Peelings sind Substanzen, die tote Zellen und Unreinheiten chemisch „wegradieren"

☐ Syndets sind synthetische Reinigungsmittel, die auf den pH-Wert der Haut abgestimmt sind

☐ Alkalische Seifen eignen sich nicht zur Reinigung der Gesichtshaut

☐ Liposome sind feinste Fettkügelchen aus Cholesterin, die in ihrem Inneren eine wässrige Phase besitzen, in der eventuell Wirkstoffe gelöst sein können

☐ Tagescremes enthalten oft sogenannte AHA`s (Alpha-Hydroxy-Acids). AHA`s sind so genannte Fruchtsäuren wie Zitronensäure, Milchsäure oder Äpfelsäure

3 Was würden Sie einer Patientin empfehlen, die frische Operationsnarben im Gesicht hat?

– _____
– _____
– _____

Akne

1 Wie lautet der medizinische Fachbegriff für die Pubertätsakne, von der ca. 40% der Jugendlichen betroffen sind?

_____

2 Welche Ursachen kann Akne haben? Nennen Sie mindestens drei Gründe.

– _____
– _____
– _____

3 Antibiotika wie Minakne® und Aknosan® können eine Akne verbessern. Welche Wirkung haben diese Antibiotika bei Akne?

_____

_____

4 Nennen Sie die drei Wirkprinzipien, die sich zur Bekämpfung der Akne eignen:

– _____

– _____

– _____

Sonnen- und Lichtschutz

1 Ordnen Sie die Begriffe und Erläuterungen einander zu:

UVB-Strahlen ___	1 - verursachen frühzeitige Hautalterung
UVA-Strahlen ___	2 - sind kurzfristig die gefährlichsten Strahlen
Melanozyten ___	3 - nur wenig Sonnengewöhnte Haut
Hauttyp I und II ___	4 - bilden Melanin, den körpereigenen Sonnenschutz

2 Auf einer Sonnenschutzpackung lesen Sie „LSF 3". Was bedeutet dies genau?

_____

_____

3 Wie setzt sich ein wirksames Sonnenschutzmittel zusammen?

_____

_____

4 Herr Sonnenhungrig will seinen Urlaub am Strand verbringen. Aus diesem Grund möchte er sich in Ihrer Apotheke eine Sonnencreme mit besonders hohem LSF kaufen, damit er endlich einmal so richtig lange in der Sonne bleiben kann. Warum sollten Sie Herrn Sonnenhungrig davon abraten?

_____
_____
_____

Mundpflege und -hygiene

1 Welchen Aussagen zum Thema „Mundpflege und -hygiene" stimmen Sie uneingeschränkt zu?

☐ Karies entwickelt sich, weil Bakterien den Zahnbelag „anfressen"

☐ Parodontose ist eine entzündliche Erkrankung des Zahnbettes

☐ Zur Zahnpflege sollte man nicht zu harte Kunststoffborsten mit kurzem Kopf benutzen

☐ Karies tritt gehäuft nach dem 40. Lebensjahr auf

☐ Medizinisch wirksame Zahnpasten enthalten meist Fluoride

2 Nennen Sie zwei medizinische Zahnpasten, die in Ihrer Apotheke oft verkauft werden.

_____   _____

3 Welche Produkte zur Zahnpflege und -hygiene werden in der Apotheke angeboten?

— _____
— _____
— _____
— _____
— _____

Überprüfen Sie Ihr Wissen!

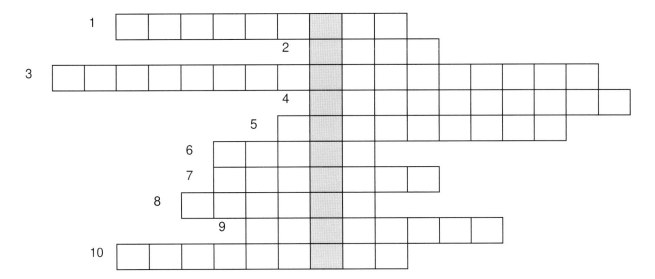

1 Fachbegriff für übermäßige Talgproduktion

2 Oft auftretende Hauterkrankung bei Jugendlichen

3 Anderer Name für Hydrolipidfilm der Haut

4 Produzieren ein Sekret, welches die Hautoberfläche geschmeidig macht und vor Austrocknung schützt

5 Anderer Name für Oberhaut

6 Wurde früher oft zur Körperreinigung benutzt

7 Schälkur als kosmetische oder dermatologische Behandlung

8 Synthetisches Detergenz

9 Sind wichtige Bestandteile in Lippenstiften und Sonnenschutzmitteln

10 Krankheit, die durch die Sonnenstrahlung verursacht wird

Verdauung und Verdauungsorgane

1 Welche Verdauungsorgane kennen Sie? Versuchen Sie eine Beschriftung ohne das Buch zu benutzen! Kontrollieren Sie das Ergebnis mit Hilfe des Buches!

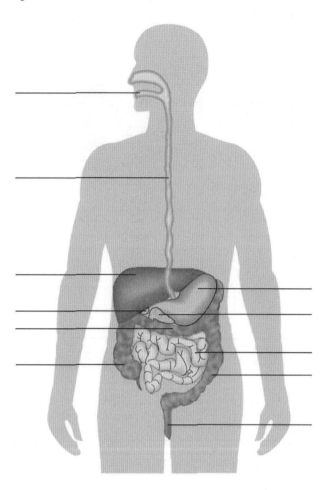

2 Was ist eine „Mundflora"? Welchen Aussagen stimmen Sie uneingeschränkt zu?

☐ Eine Erkrankung der Mundhöhle mit Fäulnisbildung

☐ Eine enzymatische Spaltung von Nahrungsbestandteilen

☐ Eine physiologische Besiedlung der Mundhöhle mit Bakterien

☐ Ein Fachbegriff für das Zerkleinern und Einspeicheln von Nahrung

3 Was verstehen Sie unter „Parodontose"?

☐ Parodontose ist eine Art von Zahnfäule

☐ Parodontose ist die Bezeichnung für den Schwund des Zahnhalteapparates

☐ Parodontose ist der Fachbegriff für Zahnfleischbluten

4 Beschriften Sie den Zahnaufbau ohne das Buch zu Hilfe zu nehmen. Welche Zahnbestandteile kennen Sie? Vergleichen Sie Ihre Lösungen anschließend mit der anatomischen Zeichnung des Buches.

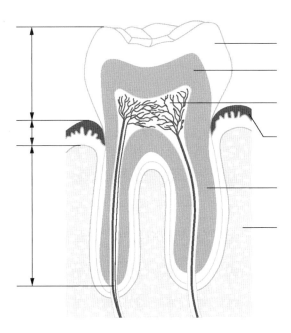

5 Ordnen Sie den Enzymen mit Hilfe Ihres Lehrbuches den Wirkungsort und den Nahrungsbestandteil zu.

ENZYM	NAHRUNGSBESTANDTEIL	WIRKUNGSORT
Ptyalin		
Pepsin		
Maltase		
Amylase		
Lipase		
Chymotrypsin		

6 Sodbrennen ist ein weit verbreitetes Leiden. Welche Medikamentengruppe hilft gegen Sodbrennen?

☐ Analgetika

☐ Rhinologika

☐ Antazida

☐ Zytostatika

7 Welche Aufgabe hat die Gallenflüssigkeit bei der Verdauung?

_____

_____

_____

8 Welche Aussagen zur Bauchspeicheldrüse halten Sie für richtig?

☐ Die Bauchspeicheldrüse produziert einen alkalischen, enzymreichen Verdauungssaft

☐ Die Bauchspeicheldrüse bewegt durch peristaltische Kontraktionen den Speisebrei

☐ Die Bauchspeicheldrüse produziert Insulin und dessen Gegenspieler Glukagon

☐ Die Bauchspeicheldrüse resorbiert Nahrungsbestandteile wie Glucose und Fette

9 Was verstehen Sie unter einer Resorption von Nahrungsbestandteilen?

_____

_____

10 Welche Aufgabe kommt dem Dickdarm bei der Verdauung zu?

_____

_____

11 Zu welchen Endprodukten werden die Nahrungsbestandteile im Laufe der Verdauung abgebaut?

Kohlenhydrate werden abgebaut zu _____

Eiweiß wird abgebaut zu _____

Fette werden abgebaut zu _____

12 Welche Organe zählen zu den Verdauungsorganen?

_____

_____

Die Ernährung des Erwachsenen

1 Vervollständigen Sie die abgebildete Tabelle zum Thema Nährstoffe.

Energieliefernde Nährstoffe	Nicht Energieliefernde Nährstoffe

2 Von welchen Faktoren ist der Bedarf des Menschen an energieliefernden Nährstoffen abhängig?

Der Energiebedarf ist abhängig von

— _____

— _____

— _____

— _____

— _____

3 Definieren Sie den Begriff „Grundumsatz".

_____

_____

_____

4 Nennen Sie zu jeder Gruppe von Kohlenhydraten zwei Beispiele.

Monosaccharide — _____
— _____

Disaccharide — _____
— _____

Polysaccharide — _____
— _____

5 In welchen Lebensmitteln finden sich bevorzugt Kohlenhydrate wieder?

_____

6 Es gibt Menschen, die an einer Glucoseverwertungsstörung leiden. Wie heißt die Erkrankung?

_____

7 Was ist ein „biologisch hochwertiges Protein"? Nennen Sie zwei Lebensmittel mit biologisch hochwertigem Eiweiß.

_____

_____

8 Welche Nährstoffe sollte ein Leistungssportler am Tag vor einem Wettkampf bevorzugt zu sich nehmen?

_____

9 Welche Vitamine sind fettlöslich und welche wasserlöslich?

fettlöslich sind: _____

wasserlöslich sind: _____

10 Welche Elemente gehören zu den Spurenelementen und welche zu den Mineralstoffen? Kennzeichnen Sie die Spurenelemente mit einem <S>!

- [ ] Calcium
- [ ] Natrium
- [ ] Magnesium
- [ ] Mangan
- [ ] Molybdän
- [ ] Iod
- [ ] Zink
- [ ] Kalium
- [ ] Chlor
- [ ] Kupfer

11 Welche Bedeutung haben die Spurenelemente Iod und Eisen für den Organismus?

_____

_____

12 Welche beiden Vitamine haben einen besonderen Schutzeffekt auf den menschlichen Körper?

_____

13 Welches Vitamin spielt eine Rolle bei der Blutgerinnung?

- [ ] Vitamin E
- [ ] Vitamin D
- [ ] Vitamin K
- [ ] Vitamin B_6

14 Welche wichtige Aufgabe haben Ballaststoffe für die Ernährung?

_____

_____

15 Welche apothekenüblichen ballaststoffreichen Produkte kennen Sie?

_____

Grundzüge einer gesunden Ernährungsweise

1 Welches sind die zehn Regeln der Gesellschaft für Ernährung (DGE) für eine abwechslungsreiche Ernährung?

— _____
— _____
— _____
— _____
— _____
— _____
— _____
— _____
— _____
— _____

2 Wie viel Prozent des Gesamtenergiebedarfs eines Tages sollten Sie zu sich nehmen...

... morgens   : _____
... mittags   : _____
... abends   : _____
... vormittags   : _____
... nachmittags   : _____

3 Welche Lebensmittelgruppen sollten Sie bei der Ernährung laut DGE bevorzugen?

☐ Fette und Öle

☐ Getränke

☐ Getreideprodukte

☐ Spirituosen

☐ Milchprodukte

☐ Fleisch und Eier

Säuglingsernährung

1 Wovon ernährt sich das Neugeborene innerhalb der ersten acht bis zehn Stunden?

_____

2 Warum stellt Muttermilch die optimale Ernährung für den Säugling dar?

_____

_____

_____

3 Säuglinge erhalten oft Präparate mit Vitamin D und Fluorid. Welchen Erkrankungen will man damit vorbeugen?

_____

_____

4 Welche Aufgabe erfüllen Beikostpräparate?

_____

_____

_____

5 Was verstehen Sie unter den folgenden Begriffen:

Zwiemilch-
nahrung: _____

_____

adaptierte
Nahrung: _____

_____

_____

6 Was ist eine Folgemilch?

_____

_____

_____

7 Woran erkennen Sie Säuglingsnahrung, die als einziges Kohlenhydrat Milchzucker enthalten?

_____

Heilwässer

1 Worin besteht der Unterschied zwischen Heilwässer und Mineralwässer?

_____

_____

_____

_____

2 Welches natürlich vorkommende Wasser hat den höchsten Kohlensäuregehalt?

☐ Quellwasser

☐ Stilles Wasser

☐ Säuerlinge

☐ Mineralwasser

3 Wie werden Emser Salz bzw. Emser Pastillen hergestellt?

_____

Überprüfen Sie Ihr Wissen!

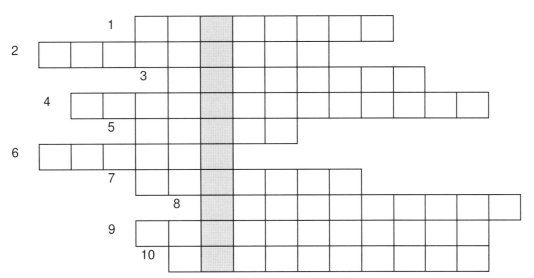

1 Besteht aus Zwölffingerdarm, Leer- und Krummdarm

2 Fette setzen sich größtenteils aus diesem Baustein zusammen

3 Ein wichtiger Mineralstoff für den Knochenbau

4 Chemischer Name für Vitamin C

5 Spurenelement, welches am Blutaufbau beteiligt ist

6 Zuckeraustauschstoff

7 Anderer Name für Eiweiß

8 Lebensmittel, zur Ernährung von Säuglingen ab dem vierten Monat, mit einem Proteinanteil aus Kuhmilch

9 Ein Getränk, dem bestimmte Zutaten (Sole, Meerwasser...) zugesetzt wurden

10 Fachbegriff für die Aufnahme von Nährstoffen durch die Zotten des Dünndarms ins Blut

Marketing und Werbung in der Apotheke

1 Warum sollte eine Apotheke, abgesehen von den geltenden rechtlichen Bestimmungen, nicht nur auf eine verkaufsfördernde Werbung abzielen?

_____
_____
_____

2 Welche gesetzlichen Bestimmungen müssen bei Werbemaßnahmen berücksichtigt werden?

- ☐ Lebensmittelgesetz
- ☐ Apothekenbetriebsordnung, Arzneimittelpreisverordnung und Rabattgesetz
- ☐ Heilmittelwerbegesetz
- ☐ Verpackungsverordnung
- ☐ Gesetz gegen den unlauteren Wettbewerb

3 Welche Waren und Arzneimittel dürfen in der Freiwahl stehen?

_____
_____

4 Darf eine Apotheke eine Internetseite betreiben? Finden Sie im Internet Seiten von Apotheken und notieren Sie sich die Internetadressen.

_____
_____
_____

5 Was verstehen Sie unter dem Marketing-Fachbegriff „Corporate Identity"?

_____
_____
_____

6 Nennen Sie vier wichtige Personaleigenschaften, die für eine Apotheke besonders bedeutsam sind?

— _____

— _____

— _____

— _____

7 Warum ist Sauberkeit in der Offizin und im Schaufensterbereich besonders wichtig?

_____

_____

_____

8 Nennen Sie drei Beispiele von Artikeln oder Dienstleistungen, für die sie auf einem Handzettel Werbung machen dürfen?

_____

_____

9 Gestalten Sie im EDV-Unterricht einen Werbefolder zum Thema Sonnenschutz! Wie können Sie Grafiken und Fakten erhalten?

_____

10 Bei den folgenden Aussagen haben sich einige Fehler eingeschlichen. Korrigieren Sie die falschen Aussagen, indem Sie diese durchstreichen und durch die richtigen Begriffe ersetzen.

A - Unter Human Identity versteht der Fachmann die persönliche Identität einer Apotheke — _____

B - Der unterste Bereich der Freiwahl nennt man im Fachbegriff auch Schnürsenkelzone — _____

C - Ein Indikatorartikel ist ein Arzneimittel, dessen Preis der Kunde genau kennt. — _____

11 Warum ist ein Indikatorartikel für die Apotheke im Konkurrenzkampf mit anderen Anbietern so wichtig?

12 Welche Werbemöglichkeiten bietet das Programm Power Point für die Apotheke? Machen Sie Vorschläge für Einsatzmöglichkeiten!

13 Warum sollte eine Schaufensterdokumentation auf jeden Fall erfolgen? Wie würden sie diese Dokumentation am einfachsten vornehmen?

Unfallverhütung und Erste Hilfe

1 Welche Aufgabe kommt der Berufsgenossenschaft zu?

—
—
—

2 Welche Berufsgenossenschaft ist für Apotheken zuständig? Wo ist diese im Internet zu finden? Besuchen Sie die Site der zuständigen Berufsgenossenschaft!

_____
_____
_____
_____

3 Welche drei Körperfunktionen sollten Sie bei einem Notfall sofort prüfen und erkennen?

— _____
— _____
— _____

4 Welche Verätzungen sind für den Körper schlimmer – Laugenverätzungen oder Verätzungen mit Säuren?

_____
_____
_____
_____
_____

5 Welche Angaben benötigt ein Rettungsdienst zur verzögerungsfreien Hilfe?

— _____
— _____
— _____
— _____
— _____

Überprüfen Sie Ihr Wissen!

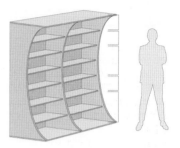

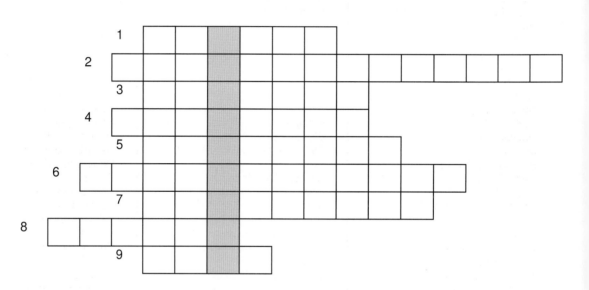

1 Lebenswichtige Körperfunktion

2 Fachbegriff für die Wiedereingliederung in das Arbeits- und Privatleben

3 Wichtigste Marketingmaßnahme

4 Unterster Bereich eines Freiwahlregals

5 Kunden können hier selbst ihre Produkte auswählen

6 Gesetz, welches in Marketing und Werbung eine wichtige Rolle spielt

7 Die Bezeichnung für die dritte Zone eines Selbstbedienungsregals

8 Verursachen schlimmere Verätzungen als Säuren

9 Anderer Begriff für das Emblem einer Apotheke

Stichwortverzeichnis

A
Abbindevorgang 131
Abbindezeit 131
ABDA 5, 6
Abdampfschale 56
abfassen 64
abfüllen 64
Abgabebehältnisse 71
Abgabegefäße 64
absolutus 72
Account 80
Achselkrücke 137
ADA 6
adaptierte Nahrung 155
Aerometer 57
Akarizide 125
Akne 144
Alkaloide 116
Alkohol, denaturiert 45
Alkohol, Verkehr mit 44
Allopathie 114
AMPreisV 98
Ampullen 71
Amtsarzt 2
Amylase 149
anhydricus 72
Anthroposophie 114
Antidote 26
Antitussivum 112
Anwendungsarten 104
AOK 100
ApBetrO 15, 17
Aponormflaschen 71
Apotheke 12
Apotheke, Grundfläche 20
Apotheke, Grundriss 19
Apotheken-A 6
Apothekenbetriebserlaubnis 3, 17, 28, 55, 158
Apothekeneinkaufspreis 97
Apothekengesetz 15
Apothekenrechenzentrum 101
Apothekenverkaufspreis 97
Apothekerassistent 18
Applikationsart 39
Approbation 15, 18
Aquaex-Stopfen 69
Aräometer 50
Articast 131
ARZ 101
Arzneiformen 66
Arzneimittel 103
Arzneimittelgesetz 29
Arzneimittelgruppen 113
Arzneimittelpreisverordnung 97
Arzneimittelspiel 105
Arzneistoffe, Lagerung 68
Aspirin 112
Atom 121
ätzend 47
Augentropfen 66, 67
Ausgabegeräte 87

axillar 133

B
Badethermometer 133
BAK 5, 6
Ballaststoffe 153
Bauchspeicheldrüse 150
Beikostpräparate 155
Berufsgenossenschaft 161
Berufsordnung 7
Betäubungsmittelgesetz 40
Betriebserlaubnis 16
Betriebsferien 28
Betriebswirtschaft 74
Bewegungsdaten 89
Bezirksregierung 2
BfArM 33
Bildschirmarbeitsplatz 88
Binden 128
Binden, Dehnbarkeit 130
Biochemie 114
Bioverfügbarkeit 104
Bit 79
Bitterstoffe 116
Blaugel 65
Blu-ray 86
Blutdruckmessgeräte 50, 139
Blüte 118
Blutstillende Watte 37
Böttger 13
brandfördernd 47
Branntwein 44
Branntwein, Bezug von 45
Branntweinmonopolgesetz 44
Brausetablette 67
Breitlongette 131
brennbare Flüssigkeiten 48
Browser 80
Bruttogewicht 66
Btm 40
BtM, Vernichtung 43
BtMG 40
BtM-Karteikarte 42
BtM-Rezept 41, 43
Bückzone 159
bukkal 104
Bundesopiumstelle 41
Bunsenbrenner 58
Bürette 58
BVA 6
Byte 79

C
Calcium 153
causticus 72
CD-Brenner 92
CD-ROM 86
Cellona 131
Ch.-B. 35
Charge 35
Chargenbezeichnung 35
Chargennummer 36

Charriere 134
Chemikalienkunde 120
Chipkarte 84
Chlor 153
Chymotrypsin 149
Claudenwatte 128
CLP 46
Codierung 82
Codierungsarten 82
Colostoma 134
COM 89
contusus 72
Cooper-Schere 139
Corporate Identity 158
Creme 66

D
DAB 21
DAC 21
Datel 89
Dateierweiterung 91
Dateiname 90
Datensicherheit 92
Datenträger 82
Dauerbinde 131
Dauerbinde F 131
Dauerbinde K 131
DAV 5, 6
DC-Kammer 57
Defektur 22, 23
dekantieren 65
depuratus 72
Destillieren 65
DFÜ 78
DHU 114
Diabetes mellitus 152
Dickdarm 150
Dienstbereitschaft 28
Dilution 115
Disaccharide 152
Dragee 66, 67
Drahtnetz 58
Dreifuß 58
Drogenkunde 116
Druckerarten 88
dtex 130
dulcis 72
Durchschnittsbedarf 26
DVD 86
DVD-RAM Laufwerk 92

E
EAN 83
Eichgültigkeiten 50
Eichordnung 50
Einnehmehilfen 139
Eisbeißerle 138
Eisen 153
Eiweiß 150
eMail 80

Stichwortverzeichnis

Emser Pastillen 156
Emser Salz 156
emulgieren 65
Energiebedarf 151
Epicondylitisbandage 137
Epidermis 142
Ergonomie 87
Erlenmeyerkolben 56
Ernährungsregeln 154
Ernährungsweise, gesunde 154
Erste Hilfe 160
Etherische Öle 116
Ethylalkohol 44
EVA-Prinzip 85
explosionsgefährlich 47
Exsikkator 57, 65

F

Fachinformation 40
Fachsprachen 72
Fadenzahl 127
Faserarten 127
Fernsehwerbung 51
Fertigarzneimittel 36
Fertigarzneimittel, Prüfung 23
Festplatte 86, 87
Fett 150
fette Öle 116
Fieberthermometer 50, 133
Fiktive Arzneimittel 37
Fingerkuppenverband 129
Fingerverband 129
Fixiermittel 128
Fluoride 146
Folgemilch 156
Fontane 13
fortis 72
Frauenheilkunde 138
Frauenthermometer 133
Freiwahl 75, 158
Friedrich II 12
Frucht 118
Fungizide 125

G

Galenik 12
Gallenflüssigkeit 150
Gauge 136
Gebrauchsinformation 40
Gebühren 99
Gefahrenklasse 49
Gefahrensymbole 47
Gefahrstoffbuch 48
Gel 66
Gerätschaften der Apotheke 55
Gerbstoffe 116
Gesamtenergiebedarf 154
Gesichtspflege 143
gesundheitsschädlich 47
Gesundheitswesen 2
Gewebe 127

Gewirke 127
Giftbuch 48
Gifte 46
Giftflaschen 71
giftig 47
Giftstoffverordnung 46
Gipsverband 131
Glaubersalz 121
Glykoside 116
GMP 63
Granulat 66
Grundumsatz 151

H

Haare 142
HAB 21
Hahnemann 114
Halskrawatte 137
Hardware 85
Hauptspeicher 85
Hauptzollamt 45
Haut, Aufbau 141
Haut, pH-Wert 143
Hautpflege 143
Heel 114
Heilmittelwerbegesetz 51, 158
Heilwässer 156
Herbizide 125
Herstellung 36
Hilfsarbeiten 63
Hilfsmittel 133
Hilfstaxe 21, 98
Hippokrates 12
hochentzündlich 47
Homepage 80
Homöopathie 114
Horo-Teedose 69
H-Sätze 46
Hügel-Fischer-Kohm 22
Hydrolipidfilm 142
hydrophil 127
hydrophob 127
Hyperlink 90

I

Idealbinde 127, 130
IHK 6
Ileostoma 134
Ileostomiebeutel 134
Impact-Drucker 88
Indifferentia 68
Indikation 39
Informations- und
Kommunikationssystem 78
Infundierbüchse 62
Infusion 66
Infusionsflaschen 71
Inhalationgeräte 135
Inkontinenz 134

Insekten 124
Insektizide 125
Instillation 135
Insulinpen 136
Insulinspritze 136
Interaktion 39
Internet-Adresse 80
Inverkehrbringen 36
Ionenaustauschgerät 59
Irrigationsset 134
Irrigator 135
ISDN 79

J

Jod 153
Jodtinkturglas 71

K

Kalium 153
Kalkulationsverfahren 75
Kapselfüllmaschine
Kapseln 66, 67
Kassenrezepte 101
Katheter 134
Kauf auf Ziel 74
Kettfäden 130
Klarschriftbeleg 83
Klistierspritzen 135
Kohlenhydrate 150
kolieren 65
Koliertrichter 61
Kompressen 128
Kontraindikation 39
Kostenträger 101
Krankenhausapotheke 17
Kredit 75
Kreisgesundheitsamt 2
Kunststoffverband 131
Kupfer 153
Kurzzugbinden 130

L

Labor-Glühofen 59
Laborwaage 50
Ladenschlussgesetz 28
Lagerung 68
LAK 5
Langzugbinden 130
Larvizide 125
Laserdrucker 88
Laugen 120
LAV 5, 6
Layout 91
Lebensmittelgruppen 154
Lebertran 64
leichtentzündlich 47
Leinsamenschroter 60
letale Dosis 103
Lichtschutz 145
Lichtschutzfaktor 145

Stichwortverzeichnis

Lipase 149
Liposome 144
Lister-Schere 139
LKK 100
Lochkarte 83
Löffel 62
Lohnsteuerjahresausgleich 76
Longette 131
LPT 89
LSF 145
Lutschtablette 67

M
Madaus 114
Magnesium 153
Magnetstreifen 83
Makro 91
Maltase 149
Mangan 153
Markenartikel 159
Marketing und Werbung 158
Markierungsbeleg 83
Maulaffen 62
Medizinaluntersuchungsamt 2
Medizinflaschen 71
Medizinprodukte 51
Mensur 62
Meplatflaschen 71
Merck 13
Messkolben 56
Messpipette 56
Messzylinder 58
Mikroklist 135
Mikroskop 57
Mineralwässer 156
Mittelzugbinden 130
Modem 78, 92
mollis 72
Molluskizide 125
Molybdän 153
Monosaccharide 152
Mullbinde 127
Mundflora 148
Mundpflege 146
Muttermilch 155

N
N1 27
N2 27
N3 27
Nachschlagewerke 22
Nagetiere 124
Nährstoffe 151
Nahrung, adaptierte 155
Natrium 153
Nematizide 125
Nettogewicht 66
Netzverband 127
niger 72
Non-Impact-Drucker 88
Normdosis 103

Nosode 115
Notdienst 28
Notfall 161
Notfalldepot 26
Notfalltherapeutika 26

O
Oligoplex 114
oral 104, 133
Ordnungsdaten 89
organoleptisch 23
otal 104, 133
Ovizide 125

P
Packungsbeilage 40
Packungsgrößen 27
Paracelsus 13
Parodontose 146, 148
Paul Ehrlich 12
Paul-Ehrlich-Institut 2
Peläusball 57
Pentarkan 114
Pepsin 149
Periodensystem 121
Perkolator 62
Personenwaage 50
Pessar 138
Petrischale 56
Pflanzenschutz 124
Pflanzenschutzmittel 125
Pflanzenteile 117
Pharmakognosie 117
Pharmazeutischer Unternehmer 38
Pharmaziegeschichte 12
Pilze 124
PKA 18
Placebo 112
Polysaccharide 152
Potenzieren 115
Pravaz 136
Preisbildung 97
Preisspanne 98
Primärkassen 101
Provider 80
Prozessor 85
Psychrembel 21
PTA 18
Ptyalin 149
Pulver 66
Pulverdosen 71
Pyknometer 50
PZN 82

Q
Quellwasser 156

R

RAM 86
raspatus 72
Reagenzglas 57
Reagenzglasständer 57
Rechendaten 89
Rechtsform 16
Rechtsformen 74
rectificatus 72
reizend 47
rektal 133
Resistenz 124
Resorption 150
Retardtablette 67
Rettungsdienst 161
Revision 3
Rezept 27
Rezeptabrechnung 100
Rezeptsammelstellen 29
Rezeptur 22, 23
Rezepturarzneimittel 98
Rezepturetikett 24
Rhizom 118
Rinde 118
Robert-Koch-Institut 2
Rodentizide 125
ROM 86
Rote Liste 21
Rp. 100
Rundkolben 56

S
Salbe 66
Salbenkompressen 129
Salbenkruken 65, 71
Salbenmühle 55, 60
Salbenstandgefäß 69
Salbentube 55
Salzkottenergefäß 70
Salzsäure 46
Saponine 116
Säuerling 156
Säuglingsernährung 155
Säuglingspflege 138
Säuglingswaage 50
Säuren 120
Säurenkappengefäß 70
Säureschutzmantel 142
Scanner 92
Schädlingsgruppen 124
Schaufensterbereich 159
Schaufensterdekoration 160
Scheidetrichter 58
Schlauchverband 127
Schleimstoffe 117
Schnabeltasse 139
Schnecken 124
Schnittstelle 89
Schussfäden 130
Schweigepflicht 53
Schweißdrüsen 142
Seborrhoe 142
Sebostase 142

Stichwortverzeichnis

Sekundärkassen 101
Semiliaplex 114
Separanda 68
Sertürner 13
Sichtwahl 75
sieben 65
Sodbrennen 149
Sofra-Tüll 129
Software 85, 89
Sonnenschutzmittel 145
Sozialministerium 2
Spatel 62
Spatelmesser 62
Spatelschlitten 60
Spindelpresse 60
Spiritus 44
Spitzweg 13
Sprit 44
Spülung 135
Spurenelemente 153
SSD-Festplatte 86
STADA 7
Stammdaten 89
Standardzulassung 33
Standesorganisationen 5
Standgefäß 68, 69
Standortfaktoren 74
Stationsbedarf BtM 43
Stativ 57
Stativklammer 57
Stativmuffe 57
Stechbecken 133
sterilisieren 65
Steuern 76
stilles Wasser 156
Stomapatient 134
Streamer 87, 92
Strichcodebeleg 83
Strip 129
subkutan 104
sublingual 104
Suppositoriengießschale 61
Suppositorienkästchen 71
Suspensorium 137
Syndets 144
Synonyme 90
Synonymverzeichnis 21

T

Tablette 66
Tablettenröhrchen 71
Talgdrüsen 142
tarieren 66
Tätigkeiten, pharmazeutische 18
Teebeutel 71
Teemischdose 61
Teetüten 71
Textbaustein 91
Thermodrucker 88
Thesaurus 91
Tiegel 58
Tiegelzange 58
Tierarzneimittel 29
Tinktur 66
Tintenstrahldrucker 88
Tondreieck 58
Topitec Wepa 61
Trinkbecher 139
Trituration 115
TTS 66, 130
Tuben 71
Tubenfüllgerät 61
Tuberkulinspritze 136

U

Uhrglas 56
umweltgefährlich 47
Unfallverhütung 160
Unguator 55, 61
Unguatorkruken 71
USB 89
USB-Stick 86
UVA-Strahlen 145
UVB-Strahlen 145

V

vaginal 104
Varicex-Binde 131
VdAK 100
Venena 68
Verbandmittel 127
Verbandschere 139
Verdauung 148
Verdauung, Enzyme 149
Verdauungsorgane 148
Verdünnung 115
verpachten 16
Verpackungsverordnung 158
verwalten 16
Viren 124
Vitamine 152, 153
Vliesstoffe 128
Vollpipette 56
Vorratshaltung 25
vulgaris 72

W

Wala 115
Warengruppen 25
Warenzeichen 51
Wasserstrahlpumpe 58
Watten 128
Wechselfestplatte 92
Weingeist 44
Weleda 115
Werbefolder 159
WHO 2
Willenserklärung 74
Wundauflagen 128
Wundschnellverband 129
Wundversorgung 128
Wurzel 118

WYSIWYG 91

Z

Zahnaufbau 149
Zahnseide 146
Zäpfchen 66
Zentralbibliothek 10
Zentraleinheit 85
Zentrop-Augentropfgläser 71
ZL 6, 7
Zulassung 33
Zwiemilchnahrung 155